本书为广东省智能财务治理与国家经济安全重点研究基地成果，获北京理工大学珠海学院校级课题资助。

# 公司财务控制权研究

## 理论与经验

黄寿昌 著

暨南大学出版社
JINAN UNIVERSITY PRESS

中国·广州

图书在版编目（CIP）数据

公司财务控制权研究：理论与经验/黄寿昌著．—广州：暨南大学出版社，
2023.12

ISBN 978-7-5668-3785-1

Ⅰ.①公…　Ⅱ.①黄…　Ⅲ.①公司—财务管理—研究　Ⅳ.①F276.6

中国国家版本馆 CIP 数据核字（2023）第 191925 号

# 公司财务控制权研究：理论与经验
GONGSI CAIWU KONGZHIQUAN YANJIU：LILUN YU JINGYAN

著　者：黄寿昌

出 版 人：阳　翼
责任编辑：冯　琳　林　琼
责任校对：刘舜怡　王燕丽
责任印制：周一丹　郑玉婷

出版发行：暨南大学出版社（511443）
电　　话：总编室（8620）37332601
　　　　　营销部（8620）37332680　37332681　37332682　37332683
传　　真：（8620）37332660（办公室）　37332684（营销部）
网　　址：http：//www.jnupress.com
排　　版：广州市广知园教育科技有限公司
印　　刷：广州市友盛彩印有限公司
开　　本：787mm×1092mm　1/16
印　　张：9.75
字　　数：165 千
版　　次：2023 年 12 月第 1 版
印　　次：2023 年 12 月第 1 次
定　　价：45.00 元

（暨大版图书如有印装质量问题，请与出版社总编室联系调换）

# 前　言

...　...

　　本书将公司财务理论区分为以处理技术性财务问题为特征的标准（或传统）财务理论与以处理制度性财务问题为特征的制度财务理论，并将后者作为研究对象。与相对成熟的标准财务理论相比，制度财务理论是近年来在国内学术界逐步得到重视的一个新兴研究领域。国内不少学者在这一研究领域开展了不同程度的思考与探索，本书的目的便是尝试为这一新兴的研究领域增添我们的边际贡献。

　　作为本书讨论的逻辑起点，第 1 章首先提出公司制度财务理论研究应该解决的若干基本问题，包括：什么是公司的制度财务问题；构成公司制度财务理论更为基础的理论渊源究竟在哪里；作为一个全新的理论形态，公司制度财务理论是否应该像新制度经济学理论那样有一个或一些最基本的概念或范畴，如果是，这些概念或范畴是什么；作为一个完整的理论体系，公司制度财务理论的内部结构是怎样的，其中不同理论元素之间的内在关联又是什么；为了确保所构建的公司制度财务理论具有可辩驳性，公司制度财务理论研究应该遵循什么样的研究逻辑和研究范式。对上述各项问题的回答构成了本书的基本任务。

　　第 2 章旨在论证"公司财务控制权"作为制度财务理论核心范畴的科学性，并对该范畴的内涵予以明确界定。本章首先根据经典的（财产）所有权定义引申出公司所有权的概念。具体论述分为 3 个环节：从物权法着手，对所有权的法律性质做出严格的界定；以时间为序论述了财产所有权的西方哲学（或法哲学）渊源，目的是求证（个人）财产所有权存在的依据；建立在财产所有权定义的基础上，论证了为公司股东所拥有的公司所有权作为一项新型物权而存在的合理性与科学性，并从法律和经济学两个角度对公司所有权的内部结构做出详细解读，从而为公司财务控制权概念的提出奠定了坚实的学理基础。在公司所有权概念的基础上，本章进一步确立"公司财务控制权"范畴，并对其内涵做出明确界定。研究结论表明：公司财务控制权是公司控制权的核心；与公司控制权一样，公司财务控制权包括剩余财务控制权和合约财务控制权；鉴于公司控制权体现了公司所有权的本质，公司财务控制权因而是从属于公司所有权这个大的范畴；与公司所有权一样，公司财务控制权的终极主体只能是公司的股东，而不是公司的其他利益相关者。

第3章的任务是基于新制度经济学的企业理论对公司财务控制权的具体配置做出充分论证，并进一步运用公司财务控制权理论对公司财务治理的若干理论问题提出了自己的观点。3.1节对新制度经济学的企业理论做了全面的、体系化的回顾，不仅关注企业理论各主要文献自身的观点以及彼此间的内在关联，同时在现代企业理论历史演进的背景下评价这些重要文献。这种动态的，并且是建立在不同理论间的横向联系的回顾与评价可以避免在财务理论研究中引用现代企业理论主要观点时可能发生的断章取义、一叶障目等现象。在3.2节，我们试图就本书中心问题之一的公司财务控制权配置形成自己的独到观点。研究结论表明：由于现代企业中所有与管理的分离，作为公司所有权核心的公司财务控制权被分解为合约财务控制权和剩余财务控制权，前者配置给公司管理者，构成公司财务管理的依据，后者为公司所有者即股东所保留，构成公司财务治理的基础；剩余财务控制权是公司剩余控制权的核心要素，因此体现了公司财务控制权的所有权（或产权）属性。为进一步论证"公司财务控制权"概念的科学性和规范性，本节将本概念与财务控制和财权这两个国内财务学研究中频繁使用的概念做了深入的比较研究。3.3节在厘定公司财务控制权理论与公司财务治理理论之间内在关联的基础上，就公司财务治理的若干重大理论问题形成自己的观点，这些重大理论问题包括公司财务治理的本质理论和目标理论。本节首先对国内研究制度性财务问题的若干理论流派做了较为全面的回顾与评价，这些理论流派包括宏观财务论纲、所有者财务论以及财务治理理论。在此基础上，最终形成关于公司财务理论体系的新观点以及公司财务治理理论研究的新范式。严格遵循这一新体系与新范式，本节得到如下研究结论：公司治理的核心是公司财务治理；公司财务治理的本质是公司财务控制权的效率配置，包括公司剩余财务控制权的配置以及合约财务控制权的界定；公司财务治理的目标是实现代理成本最小化，该目标内在地统一于公司财务管理的目标，即股东价值最大化，但二者的效率导向明显不同，前者以成本最小化为导向，而后者以利润最大化为导向。

　　第 4 章旨在为前面两章形成的理论观点进一步提供经验和实践意义上的支撑。由于股东价值观主要根源于美国公司的实践，本章首先对美国公司治理以及财务控制权配置在过去以及当前的做法做出深入剖析。同时，由于国内学者大多推崇利益相关者价值导向，而该价值导向主要来源于日本和德国公司的实践，因此，本章同时对日本基于利益相关者导向的共同治理模式展开分析，对其形成的历史逻辑以及当前和未来日本公司治理模式已发生和将要发生的制度性变迁做出较为全面的描述。在经验分析的基础上，本章得出如下研究结论：无论是过去还是现在，股东价值导向从未从美国的经济制度中消失，恰恰相反，由于资本市场上的激烈竞争，这一价值导向在美国公司治理和公司财务治理实践中正变得更加深入人心；公司治理和公司财务治理的利益相关者导向是在"二战"后日本特殊的经济背景下形成的，当然也与这个国家的文化与传统价值观有关，却构成 20 世纪 90 年代以来日本所面临经济问题的重要诱因，因此，在理论界尤其是政府的推动下，日本上市公司的治理模式正悄然转向股东价值导向，而且，随着经济全球化的发展，尤其是国际资本市场的一体化，这一趋势将是不可逆转的。

　　近年来，国内财务学界针对公司制度性财务问题提出了不同的竞争性理论解决方案；此外，国内学界有关公司财务实践的目标是应坚持股东价值导向还是利益相关者价值导向的争论日益激烈，而且越来越多的文献似乎更加偏向于坚持利益相关者价值导向。基于法学理论和新制度经济学的企业理论，本书提出了以"公司财务控制权"为核心概念的财务治理理论，从而在理论上论证了公司财务实践中坚持股东价值导向的法律和经济基础；同时，通过分析西方发达国家长期以来的公司财务治理实践，为坚持股东价值导向提供了进一步的经验基础。在现有理论之外，本书的研究成果预期为公司制度性财务问题的解决提供一个可替代的、具有经验基础的理论方案。

黄寿昌

2023 年 11 月

第 1 章

# 导 言

…… ……

# 1.1 问题的提出

伴随着中国宏观经济的快速发展，以及作为市场主体的各类企业的日益壮大，尤其是国内资本市场的不断发展与完善，我国公司财务学研究进入了一个全新的阶段。处于这一全新阶段的公司财务学研究的一个重要特征就是大批财务学者将目光投向一些重大的制度性公司财务问题，从而形成了一批包含着真知灼见的制度性公司财务理论，诸如所有者财务理论、经营者财务理论、国家财务论纲以及公司财务治理理论等。这些文献事实上已形成了一个与以处理技术性财务问题为特征的标准公司财务理论相对独立的理论体系，本书将这一系列文献统称为公司制度财务理论，以使它们与标准的公司财务理论相区分。至于上述所提到的那些具体理论可以被看作公司制度财务理论的不同流派，或者说被看作尝试解决公司制度性财务问题的不同思考。本书的研究便是试图为这一新兴的理论领域增添我们的一孔之见。为此，在撰写本书之前、之时乃至之后，我们一直在思考这样一些问题：

问题一：什么是公司的制度财务问题，或者说公司制度财务问题的共同性质是什么？对这一问题的回答构成了公司制度财务理论存在的基本理由。

问题二：公司制度财务理论更为基础的理论渊源究竟在哪里，或者说是什么基础理论构成了公司制度财务理论的依据？对这一问题的回答体现了公司制度财务理论研究的基本逻辑或基本范式，而这一基本逻辑或范式最终决定了公司制度财务理论的科学性。

问题三：作为一个逻辑一贯的理论体系，公司制度财务理论是否应该像新制度经济学的相关理论那样有一个或一些最基本的范畴，从而为公司制度财务理论提供一个共同的专业语汇，或者说公司制度财务理论是否也迫切需要"概念创新"？如果是，这些范畴或概念是什么？如何确保这些范畴或概念的科学性与规范性，并最终确保公司制度财务理论本身的科学性与规范性？本问题前半部分的回答与问题一相关，因为一套理论的核心范畴必须能反映该理论所试图研究的问题的本质；而后半部分的回答则与上述问题二有关，因为范畴或概念的规范性取决于它们所赖以生成的理论土壤的科学性。

问题四：作为一个完整的体系，公司制度财务理论的内部结构是怎样的，该体系中不同理论元素之间的内在关联又是什么？对这一问题的回答决定了所构建的公司制度财务理论是否内在逻辑一致。

问题五：国内现有解决制度性财务问题的相关理论各自的研究逻辑是什么，它们的研究结论是否在一个科学规范的研究范式的基础上生成？对这一问题的回答将构成对现有理论进行评价的基础，以及提出我们自己观点的一个基本参照。

对以上问题展开深入研究，就成了我们撰写本书的目的；而如何解答这些问题，便构成了本书的研究思路。

## 1.2　研究方法

若要有效解决上述问题，从而形成可辩驳的论点，首先要做的便是确保理论研究方法论上的严谨性与科学性。不同的研究方法体现了不同的研究范式，而不同的研究范式又决定了研究结论的科学性。与现有理论文献相比，本书在研究方法上试图体现如下三个方面的显著特征：

第一，将严谨的规范的经济学研究方法以及法律研究方法引入公司财务的理论研究之中。公司财务理论当属经济学的一个理论分支，这在学界不存异议，然而在研究方法上，国内财务学者却鲜有真正将经济学研究方法嵌入公司财务学的理论研究中。我们认为，公司制度财务理论，包括制度财务理论的研究起点，应该从经济学中寻找，而不是局限在狭隘的公司财务学的范畴之内。只有将公司制度财务理论研究与经济学研究实实在在地融合在一起，得出的研究结论才能真正经得起推敲，并值得花费时间去质疑与争论，从而成为未来学术进展的一个有意义的基点，而不仅仅是昙花一现的所谓"新观念"。鉴于本书以制度性财务问题作为研究对象，因此主要运用新制度经济学的相关分析方法，当然也包括标准经济学中的均衡分析方法。

与法律概念有着千丝万缕的联系是公司制度财务问题的一个基本属性，比如公司财务控制权的配置、公司财务治理机制设计与优化等。即便是经济学，其中大量的概念也都是来源于法律，也要从法律研究中寻找依据。因此，要较为彻底地研究公司制度财务理论，就有必要深入相关的法律概念甚至是严谨的法学研究之中。这一做法实际上已在作为公司制度财务理论研究主要依据的现代企业理论的研究中得到证实。现代企业理论的不同流派，包括产权理论（或产权学派）、契约理论等，要么直接以相应的法学理论为指导，如产权理论，要么是从法学研究中得到启发，如契约理论。当然，这一情形最为明显地表现在新制度经济学的创立者科斯教授所从事的法律经济学的研究之中。因此，从有关法律研究中汲取营养，并将法律研究与经济学研究有机地结合起来，最终运用到公司制度财务的研究中是本书方法论上的一个重要特征。我们认为，这一方法论在国内当前公司财务理论研究中显得尤为紧要，它能帮助我们澄清概念上的误读，并且为我们架构公司制度财务理论体系提供一个共同的基础，从而便于不同学者或不同流派的观点进行有意义的交流与沟通，促进公司制度财务理论的良性发展。

第二，将规范研究（即理论研究）与经验分析有机结合起来。21 世纪以来，中国会计学界开始尝试和酝酿着一场会计研究方法的革命，这场革命的性质是从规范研究方法转向实证（或经验）研究方法。在美国，同样性质的革命于 20 世纪 60 年代末便由鲍尔和布朗发起，并于 70—80 年代取得了成功。在中国会计学界这场会计研究方法革命的酝酿和尝试过程中，不少人把规范研究方法与经验研究方法机械地、形式地对立起来。当然，也有些学者辩证地认识这两种研究方法，指出应把它们结合起来研究会计理论。① 事实上，在国内资本市场会计研究方面，实证方法在会计学研究中已取得了相当的成绩。然而，在制度财务学领域，经验研究却并不多见。本书尝试将规范研究与经验分析有机结合起来，通过经验分析来印证理论研究所获得的重要结论。

第三，在开展每个具体研究项目之前，本书首先提出并阐述相应的研究范式，并严格地按照该范式展开本项目的研究，比如公司财务控制权概念的提出与内涵的界定、企业内部结构理论、公司财务治理理论（包括财务治理本质理论和财务治理目标理论）等。在提出自己的研究范式的同时，对其他学者已有观点的研究范式进行概括与提炼，在此基础上对该理论观点做出适当评价，并最终提出并论证自己的理论观点。

---

① 葛家澍. 关于市场经济条件下会计理论与方法的若干基本观点：I [J]. 财会月刊，1995（2）：3-6.

# 1.3　相关研究文献的简要评述

与国外学术界重点关注技术性财务问题不同，国内学术界近年来对制度性财务问题的研究表现出浓厚的学术兴趣，导致公司制度财务问题的研究成为公司财务研究领域的前沿和热点问题。比如，南京大学的李心合教授对制度财务学、利益相关者财务学的研究，北京工商管理大学的汤谷良教授对财务控制、经营者财务的研究，安徽工业大学的林钟高教授对财务治理的研究，四川大学的干胜道教授对所有者财务的研究，西南财经大学的郭复初教授对国家财务的研究，等等。这些学者的工作为"跳出财务论财务"研究范式的确立打下了坚实基础，并就制度性财务问题分别形成了自己的独特见解。然而，本书认为当前的研究尚须进一步的完善和深化，需要做的学术研究工作还有很多，主要体现在：

①已有的某些范畴有待重建，如制度财务学若重新命名为公司制度财务学则更符合学理。

②已有的某些范畴之间的关联有待廓清，以便为进一步的理论研究提供共同的专业语汇，如公司财务控制、内部财务控制以及财务控制等专业范畴。

③已有的某些范畴之间的关联有待确立，如公司财务控制权与公司财务治理之间的逻辑关联。

④标准的研究方法有待引入，包括新制度经济学的核心研究方法的运用，如产权分析方法和交易费用分析方法，以及将理论研究与经验分析实现有机的结合等。此外，通过嵌入相关经济理论，如企业理论、代理理论、公司控制权市场理论等，可为研究结论提供坚实的经济学基础，从而在应用性和基础性学科之间建立起现实的关联，真正实现上下游学科间的相互交融。

⑤现有理论的相关研究结论有待修正，部分研究工作尚待深入等。

总之，通过本书所开展的理论研究与经验分析，尝试为公司制度财务理论提供自己的边际贡献。

# 第 2 章

# 公司财务控制权的概念与内涵

…… ……

　　要准确地界定公司财务控制权的内涵，则势必溯及下列更为经典的法学与经济学范畴，包括物权、所有权和产权。本部分的基本思路是：在回顾物权、所有权和产权内涵的基础上引申出企业所有权的概念，然后以企业所有权概念为起点提出并充分论证"公司财务控制权"这一制度财务学中的核心范畴，从而使该范畴建立在严格的法学和经济学逻辑的基础之上。

# 2.1　所有权：从财产所有权到公司所有权

　　正如新制度经济学的代表人物哈罗德·德姆塞茨所言：社会科学和哲学（显然包括法学，笔者注）对所有权问题的研究由来已久，但一直未能与经济学对所有权的研究融合在一起，这种情况直到科斯发表《社会成本问题》才有所改观。① 由此可见，对于新制度经济学，尤其是其中的法律经济学（诞生的标志就是科斯著名论文《社会成本问题》的发表）而言，经济学研究与法学研究之间的紧密结合是它的一个显著特征。这个中的缘由大概有两个：其一，在当今社会，法律制度构成社会制度体系的核心；其二，新制度经济学研究的一个重要出发点便是对制度，尤其是法律制度的构建提供经济学意义上的支撑甚至是指引。两个不同学科之间在研究方法上要真正实现融合，其前提应是首先在各自领域的有关重要范畴之间建立起联系，从而为跨领域的交叉性研究提供了重要基础。基于上述观点与判断，可以得出这样一个结论："公司财务控制权"这个制度财务学重要范畴的提出与定义，必须建立在相关法律范畴研究的基础之上。本书所坚持的这一研究范式与目前国内其他制度财务理论流派"就财务论财务"的研究范式有着显著的不同。

## 2.1.1　财产所有权的法律解读

　　从法律的角度看，由于所有权（即财产所有权，下同）是物权的一个重要

---

　　① DEMSETZ H. Ownership, control, and the firm [M]. New York：McGraw-Hill，1999：14-18.

类型，所以，对所有权的法律解读必须从对物权的一般原理的讨论开始。

1. **物权法的一般原理**

（1）物权的概念和特征。

物权的概念来源于罗马法。罗马法时代，虽然概括的物权概念尚未形成，但实际上已经有了物权和债权的区别：物权是对物诉讼（actio in rem）所保护的权利；债权为对人诉讼（actio in personam）所保护的权利。现代各国民法典对于物权的定义，一般都未做直接规定，于是学者之间关于物权的定义众说纷纭，见解不一。综合来看，主要有以下两派观点：第一派认为物权为人与物的关系，代表者主要是德国的德恩伯格和耶林，认为物权是直接支配物的财产权，至于一般人所负的不为侵犯的义务，是对物的支配权所产生的结果，而不是物权的内容。采取这种主张给物权下的定义主要有两种：或者说物权是支配物的财产权，或者说物权是权利人直接对物享受一定利益的财产权。另一派认为物权为人与人的关系，代表者是德国的温德夏和萨维尼，认为物权关系和债权关系都是属于人与人的关系，两者的不同之处在于，债权只能对抗特定的人，而物权则可对抗一般的人。持此意见给物权下的定义也有两种，或者说物权是可以对抗一般人的财产权，或者说物权是以无论任何人不得侵犯的消极作用为本质的财产权。实际上，上述两派观点从根本上说并不冲突，只是他们看待物权的视角有所不同而已。在此，可以对物权下一个折中的定义：物权为权利人直接支配其标的物，并享受其利益的排他性权利。基于这一定义的物权具有以下特征：第一，物权是权利人对物的权利。从这个角度，我们可以进一步分析物权的具体权能。第二，物权是以权利人直接支配标的物并享受其利益为内容的。因此，物权的目的在于享受利益。第三，物权是排他性的权利，即所谓的"一物一权"原则。但排他性并不意味着物权主体的单一性，比如在共有关系中，几个共有人对于一物同时享有所有权。

（2）物权的客体。

物权的客体是物。罗马法中，对物的理解是广义的理解，物（res）是指除了自由人以外存在于自然界的一切东西。罗马人有时也称物为 Bona，意指那些对人们有用而能满足人们需要的东西，包括权利、利益、权利客体等，而这里的物的有用且能满足人们需要的特性，是以物的金钱价值来衡量的。法国《民法典》中物的概念，承袭了罗马法对于物的理解，其所称之物既包括有形之物，也包括无形之物。与物的概念相联系的是财产的概念。罗马法中财产与物的含义是一致的，因为依罗马法的观念，物必须是能够以金钱加以评价的东西。在英美，财产（property）与物不是一个概念。实际上，在英美法中，没有物权的概念，也极少使用物这一词。英国财产的含义是：法律保证为某人所有的有价值的东西。而在美国，财产的含义是：根据法律所享有的权利和承担的义务。

作为物权客体的物具有以下特征：①

第一，作为物权客体，原则为有体物。将有体物作为物权的客体，立法技术上较为科学，法理上较为严谨。但是对此不能绝对化，在商品经济高度发达的条件下，不仅有体物作为商品进入了流通领域，而且无体物也作为商品进入了流通领域，特别是随着有价证券呈现出令人瞩目的发展。因此，应当承认无体物亦可作为物权的客体，但这只是一般原则的例外而已。

第二，物权客体的物必须是独立物。所谓独立物是指能够单独、个别地存在的物。只有是独立物，物权人才可以进行直接的支配。

第三，作为物权客体的物可以是流通物，也可以是限制流通物。流通物，是指法律允许在民事主体之间自由流转的物。限制流通物是指法律对其民事流转的范围和程度给予一定限制的物。

（3）物权的种类。

关于物权的创设，有两种做法：一是放任主义，即物权的创设依当事人的意思，法律不予限制；二是法定主义，即法律规定物权的种类及内容，不允许当事人依其意思设定与法律规定不同的物权。现代各国民法大都采取法定主义而排斥放任主义。至于各国规定的物权，虽参差不齐，但都大同小异，可以归纳为下列四类：所有权、用益物权、担保物权、占有。所有权是所有人在法律规定的范围内独占性地支配其所有的财产的权利，所有人可以对其所有的财产占有、使用、收益、处分，并可排除他人对于其财产违背其意志的干涉。所有权是最完整、最充分的物权，也是本书研究的中心议题。为充分发挥物的效用，从所有权中分离、派生、引申出各种其他的物权。用益物权是对他人所有的物在一定范围内使用、收益的权利。担保物权是为了保证债的履行，在债务人或第三人的特定财产上设定的物权，如抵押权。占有则是指对物的占领、控制。至于占有究竟是一种单纯的事实，还是一种权利，各国的立法例是不一致的。

---

① 钱明星. 物权法原理 [M]. 北京：北京大学出版社，1994：10-12.

**2. 所有权的法律解读**

（1）所有权的概念。

所有权作为法律确认的所有人的权利，在现代各国民法典中，一般采取了两种定义方式：一是列举主义，即在规定所有权的概念时，具体列举出所有权的各项权能或各项作用，如法国《民法典》第五百四十四条规定："所有权为对物完全按个人意愿使用及处分的权利，但法律及规定所禁止的使用不在此限。"我国《民法典》规定"财产所有权是指所有人依法对自己的财产享有占有、使用、收益和处分的权利"，对所有权的定义也是采取了列举主义。二是概括主义，即不具体列举所有权的各项权能，而是通过规定所有权的抽象作用给所有权下定义，如德国《民法典》第九百零三条规定："物之所有人，在不违反法律或第三人权利之范围内，得以自由处分其物，并得排除他人对物之一切干涉。"比较这两种立法方式，概括主义虽然较为抽象，难以为人们所理解，但在逻辑上更为严谨，能更好地表述所有权的法律属性。列举主义具体列举了所有权的各项权能，虽然易于为人们了解，但无法揭示与所有权相适应的相对人的义务。本书认为，所有权法律关系是人与人之间的权利义务关系，而绝不是人与物间的关系。而且，以权能来表述所有权也不能说明这样的情况，即所有人对其财产享有的占有、使用、收益、处分权能都可以依所有人的意志或其他原因与所有权发生分离。这种分离在现代社会条件下是大量的、经常的现象，如现代公司制度中存在的所有权与管理权之分离。一般说来，这种分离本身就是所有权人行使其所有权的表现。这就产生了一个问题，如果所有人已经与占有、使用、收益权能相分离甚至与决定财产命运的处分权相分离，为什么所有人仍不丧失对财产的所有权？这时财产所有权存在的依据是什么呢？这就意味着，所有权并不是占有、使用、收益、处分权能的简单总和，在这四种权能的背后，还有一个与所有权不可分离的最基本、更高层次的权利，这种权利只属于所有人，所有人享有这种权利就享有所有权，这种权利才是所有权的本体。

那么，这种权利到底是什么呢？所有权是所有制在法律上的表现，所有权关系的性质和内容必然决定于所有制关系。所有制是人们在生产、交换、分配、消费中支配物的经济关系，是人类进行生产和生活的前提。所有权首先反映的就是人们之间因对物的支配而产生的关系，因此，所有权就是支配权（在经济学中则通常被称作"控制权"），是所有人支配其所有物的权利。马克思指出：

"私有财产如果没有独占性就不成其为私有财产。"① 对于所有物的独占性支配权是所有权最本质的属性,② 一切社会条件下的所有权概莫能外。

所有权在任何社会都不是绝对无限制的权利,它必须受到一定社会法律规定的制约。在当代,"一般把所有权当作一种排他的权利而不作为一种绝对的权利"(见《不列颠百科全书》,Property Law 条)。这不仅是指所有权的范围是由法律规定的,而且所有权的行使也必须符合法律的规定。所以说,所有人不是绝对地支配其物。

综上所述,所有权最本质的属性就是独占性的支配权,这种支配权一方面表现为所有权人对物的占有、使用、收益、处分,即积极权能;另一方面表现为所有人排除他人对其财产违背其意志的干涉,即消极权能。③ 所有权的支配权乃是在法律规定的范围内对物的支配,并不是绝对无限制的。据此,可以给所有权下这样一个定义:所有权是所有人在法律规定的范围内独占性支配其所有物的权利,所有人可以对其物进行占有、使用、收益、处分,并可排除他人对于其财产违背其意志的干涉。

(2)所有权的内容。

所有权的内容,即所有权的权能,在学说上向来有两种主张:权利集合说和权利作用说。权利集合说认为所有权是由各项权能组成的集合体,各项权能都是独立的权利,结合起来就构成一个所有权,因此权能就是构成所有权的权利。④ 权利作用说认为所有权的各项权利是所有权的不同作用,权能和所有权发生的分离,不过是所有权的不同作用的体现。"所有权之权能,亦称所有权之作用,有积极的与消极的两方面。"⑤ 我们同意后一种主张。权利集合说不能说明权能与所有权分离的情况,因为,所有权既然是各项权能的集合,那么缺乏某一权能就不成其为所有权。所有权并不是权能的简单总和。

权能是所有人为实现其所有权对于其所有物可以实施的行为。权能只是所有权的个别、具体的表现。所有权作为独占性的支配权,正是通过对于物的具

---

① 马克思,恩格斯.《马克思恩格斯全集》第 3 卷 [M]. 中共中央马克思恩格斯列宁斯大林著作编译局,译. 北京:人民出版社,1960:425.

② 钱明星. 物权法原理 [M]. 北京:北京大学出版社,1994:25-28.

③ 钱明星. 物权法原理 [M]. 北京:北京大学出版社,1994:233.

④ 格里巴诺夫,科尔涅耶夫,中国社会科学院法学研究所民法经济法研究室.《苏联民法》上册 [M]. 北京:法律出版社,1984:278.

⑤ 史尚宽. 物权法论 [M]. 北京:中国政法大学出版社,2000:55.

体的占有、使用、收益、处分并排除他人对其所有物的非法干涉而实现的。至于所有权的每一项权能，都意味着所有人可以对其所有物实施的一类行为或一系列行为的可能性，它可以呈现出十分复杂的状态。

一般来说，所有权具有占有、使用、收益、处分并排除他人对其所有物的非法干涉的权能，其中前四项权能被称为所有权的积极权能，最后一项被称为所有权的消极权能。实践中所说的所有权的权能多指所有权的积极权能。这几项权能构成了所有权的内容，精确地概括了所有人实施其权利的各种行为。然而，随着社会经济的发展，所有权的权能可能会不断地扩大。如有的学者认为管理应当作为所有权的一项独立权能，"所有权系就标的物为占有、管理、处分、使用、收益等全面的且一般的支配之物权"①。上述观点突出强调了现代经济生活的管理职能，有一定的积极意义，本书赞同此种观点。但值得注意的是，在我国经济学界，有些学者将支配权列为所有权的权能，与占有、使用并列起来，是不合适的。这显然是对法学概念的误解，或至少说是一种不严谨的提法。所有权是对物的独占性支配权，支配权是所有权的本体，它具体体现为占有、使用、收益、处分的权能，而不是与前述四项权能相并列的一项独立权能。

（3）所有权的种类。

所有权根据不同的标准可以分为不同的种类。依据享有所有权主体的不同，把所有权分为国家所有权、集体所有权和个人所有权；依据所有权客体的不同分为不动产所有权和动产所有权。鉴于本书的主旨，在此仅讨论个人所有权以及与属于动产的有价证券相关的权利。

个人所有权是公民个人对其财产享有占有、使用、收益、处分的权利，是公民的基本财产所有权之一。法律充分保护公民个人的合法财产权，有利于满足公民个人的生活需要，调动公民个人参加社会经济活动，促进社会生产力的提高。在我国，个人所有权的客体既包括生活资料，也包括生产资料。尤其是随着市场经济的发展，公民个人拥有的生产资料的范围将会扩大。例如，在股份经济发展中公民个人拥有了股票等有价证券的所有权。个人所有权四项权能的实现通常是以直接的方式进行，即以个人积极主动的行为直接作用于所有物的方式进行。如个体工商户行使生产资料所有权是与他们的生产经营劳动联系在一起的；私营企业主对生产资料的占有、使用和处分虽然需要通过其经理人

---

① ELLSWORTH R R. Leading with purpose ［M］. New York：Stanford University Press，2002：150.

员和职工的行为来实现，但是经理人员和职工与企业主的关系是雇佣劳动关系，他们对生产资料的占有、使用和处分是以企业主的名义并为企业主的利益而进行的，并不构成独立的物权关系。同时，个人也存在以间接方式行使其财产所有权的情形，例如，个人以购买股票的方式将资金投入企业后，即丧失对资金的直接占有权、使用权与处分权，只能通过在股东大会上进行表决的间接方式来行使其股份所有权。

动产所有权系以动产为其标的物，它是所有人独占性支配其所有动产的权利。动产的范围很广，土地及其定着物之外的财产都是动产。另外，一些特殊类型的动产，如有价证券，其内容和行使也与其他财产不同。"有价证券"一词是由德国学者创造的，现在为大多数大陆法系国家所采用。我国也从日本引进了这一词语。有价证券的典型定义是：有价证券是一切与权利结合在一起的文书，离开文书既不能主张该项权利，也不能将之转移于他人。从有价证券的基本属性看，它是设定并证明某项财产权利的凭证，行使该财产权利以持有有价证券为必要。在现实生活中有价证券的种类极多，其中最重要的有股票和债券。有价证券使财产权利表示于证券之上，权利人只要持有证券就可以行使财产权利。由于权利和证券的结合，证券的让与即发生权利让与的效力，证券的让与又极为简便，从而满足了现代社会迅速流通的需要。而且，将权利表现在证券上，既便于大规模、公开地向公众发行，也可以得到持久而稳定的信用。

严格地说，有价证券一词有两层意义，其一是指具有一定形式并表示一定财产权利的凭证，它是以财产权利为内容；其二是指权利的载体，它又是一种物。因此，有价证券上的权利的特点在于它是由两种权利组成的，即对于物质形态的证券（一张纸）的所有权（该权利显得并不重要，尤其是在电子股票高度发达的今天）和证券所表示的权利。前者可称为证券所有权，后者可称为证券权利。有价证券所表示的权利，即证券权利，是证券持有人依照证券上的记载而得享有或行使的权利。证券权利的内容，依照证券的记载而定，可能是物权，如股票；也可能是债权，如债券。① 但无论是哪种证券权利，都是表现在证券上，这是证券权利与一般财产权利的区别之处。

（4）所有权的共有。

根据所有权的基本属性，一物之上不能同时存在两个所有权，但一个所有

---

① 钱明星. 物权法原理 [M]. 北京：北京大学出版社，1994：25-28.

权同时由数人享有，则无不可。所谓共有指的就是一物为数人共同享有的状态。按照传统民法理论，对所有权可以进行质的分割与量的分割。当所有权的部分权能与所有权分离而由非所有人享有和行使时，为所有权质的分割。当同一客体的所有权由数人分享时，为所有权量的分割。所有权量的分割便产生了共有。

关于共有的分类问题，各国民法典的规定并不一致。德国《民法典》与日本《民法典》视共有为按份共有，并无共同共有的规定。我国台湾地区《民法典》虽视共有为按份共有，但又把"共同共有"视为共有的一种特殊形式加以规定。鉴于本书以公司作为研究对象，在此我们重点讨论按份共有。按份共有是指两个或两个以上的主体对同一项财产按照一定份额共同享有所有权。它可以发生在公民之间、法人之间，也可以发生在公民和法人之间。

按份共有具有如下特征：第一，各个共有人对于共有物按照份额享有所有权。各个共有人的份额，称为应有份，其数额在共有关系产生时共有人就应该将之明确，例如按出资比例确定其应有份额。至于应有份的法律性质，根据权利范围说，对于共有物，数人共同享有所有权，为避免权利的冲突，则划定各人的权利范围，即将所有权从量上划分为数部分，以其各部分分属各共有人，使各人在其范围内行使权利，这种范围就是各人的应有部分。第二，各个共有人按照各自的份额对共有物分享权利、分担义务。按份共有并不是把共有物分成若干份，各共有人各享有一个所有权，而是共有人对共有物按各自的份额享有权利和承担义务。第三，各个共有人虽然拥有一定的份额，但共有人的权利不仅限于共有物的某一部分，而是及于共有物的全部。

## 2.1.2  财产所有权的西方哲学渊源

西方财产所有权（或财产权）的哲学观念经过了 2 400 多年的演变。实际上，有关财产权是人类不可剥夺的权利的观点一直到启蒙运动，在 15 世纪的宗教改革时代和 17 世纪的理性时代兴起的一些思想的带动下，才被人们广为接受。下文将以时间为序，对与财产所有权有关的哲学思想的演变历程做一个简要的回顾。①

希腊古典哲学家大都鄙视追求财富对个人和社会产生的腐蚀性影响，他们

① ELLSWORTH R R. Leading with purpose ［M］. New York：Stanford University Press，2002：216-252.

对私有财产持激烈的批评态度。苏格拉底和柏拉图都认为，对财富的追求破坏了人类灵魂的完美。柏拉图认为无论如何都不应该"拥有除维持基本生活之外的私有财产"。正因为如此，柏拉图认为大部分私有财产都应该归公共所有。

然而，亚里士多德不赞同柏拉图的观点，他认为拥有私有财产可使国家更顺畅地行使其职能，促进社会经济的发展。在他看来，私有财产是人格的外在体现，是自尊和快乐的源泉，是人类实现其全部价值的必需品。亚里士多德认为，因为公共财产不属于任何人，所以任何人对此都漠不关心，但私有财产可以激励人们节俭，从而能促进其性格的完善。同时，因为公有财产经常导致对财产使用权的争夺，而私有财产可降低冲突，增强社会内聚力，所以社会直接从中受益。显而易见，亚里士多德关于财产权的哲学思想对后世西方的哲学与法律产生了重大影响。

中世纪的财产权思想与在此前几个世纪产生的基督教教义相一致。符合上帝的意志是人类一切活动的终极目标，这些教义继续要求财产用来为社会谋福利，对个人财产享有权施加限制。但这种思想很快受到挑战。中世纪的手工业社会逐渐发展出一种越来越复杂的经济生活，产生了随着财富的增长而不断壮大的中产阶级。随着财富向中产阶级的再分配，经济实力也随之转移，日常的经济活动使现实逐渐偏离了中世纪的道德和哲学信仰。从政治上讲，中产阶级对财产和经济的控制以及商业的不断扩张，迅速削弱了国家对个体商人的权力。中产阶级对集体行动的控制权力越来越大，从而对封建领主的权力越来越蔑视。亚当·斯密从经济学的角度提出了关于封建领主权力衰败的解释：①

这些领主早期都十分专制，其实际权力远大于国王。制造业和商业的发展生产出了大量商品，这些领主渴望拥有这些商品。当他们把供养军队和家臣的财产分出一部分来扩充其物资财富时，他们得到封臣的尊重和威胁城镇商人的能力就日渐衰退。旧的封建制度结束了。

直到 17 世纪的理性时代，哲学家们才把重点转向制定促进人类走向完美，或至少能够约束人类破坏性欲望的道德规则。许多思想家们认识到，仅靠宗教和道德教条不足以影响人们的行为。与此同时，国家在压制人们对于物质追求

---

① 亚当·斯密. 国民财富的性质和原因的研究：下卷 [M]. 郭大力，王亚南，译. 北京：商务印书馆，1974：27.

的强烈欲望方面也显得无能为力。国家和教会强行压制人类"罪恶本质"的尝试以失败而告终。理性时代和随之而来的文艺复兴产生了这样一种思想：科学的应用和个人理性的实践可以创造理性的人类社会。自古以来未被重视的人类社会尊严意识开始苏醒，西方社会处在越来越珍视个人自由和良知的门槛上，为西方社会财产和财富观念的转变做好了铺垫。霍布斯、洛克、休谟和边沁是其中几位主要的思想家，他们为未来千年的新梦想奠定了哲学基础。

到18世纪，一些比较有影响的思想家开始热烈推崇人性的完美。人类不再如原罪教义所说被认为性本恶，而是人性本善。那么从逻辑上可以推出，由理性引导的个人利益的追求将知道什么是善的，并且可以保证改善人类状况。如果个人能够为自己的进步提供条件，那么这就意味着他减少了对上帝的依赖，于是基于开明的利己主义的个人主义诞生了。这种思想为美国和法国的大革命注入了活力，并构成了美国宪法的基本精神。

自古以来，人们就承认物质财富是个性的延伸和外在表现。亚里士多德对此进行过辩论。个人利用自己的财产增强自我意识，并把他们的影响扩大至自然和其他人。霍布斯和洛克的思想进一步把这种观点延伸，他们把人看作以财产为中心、以市场为焦点的人，从实用的角度对人进行重新审视。这种复苏的个人道德价值意识引起了个人与社会利益间的矛盾。以下两个原则导致了个人利益成为主导：首先，人应该是自由的，脱离他人的意志的自由；其次，个人应充分发挥其潜能。这两个原则也是个人自由主义的两个原则。自此，人类拥有私有财产的欲望在西方思想的发展转变中起到了主导作用。霍布斯和洛克的逻辑都起始于相似的对人类本性的论断：人都渴望获取，具有"市场交易的本能"，都会努力改善自己的生活。他们同时得出相似的结论：国家应控制人类渴望本性中破坏性的需求而产生。

洛克提出了自然人的观点。人生来就处于一种完善自由的状态，可完全自由地主宰自己的行动、支配自己的财产和自身，只要他们认为合适，不违反自然法则，而无须请求脱离他人的支配或依赖他人的意志。摆脱了他人意志的个人自由是人类的实质之所在。对个人自由唯一正当的限制是保护他人的个人自由，个人不欠社会的任何东西。在这些对人的论断中，洛克派生出了自然私有财产权的概念。个人拥有不可侵犯的自我支配权，从而拥有支配自己劳动成果的权利。因此，当他们投入自己的精力使自然状态的东西变成财产时，他们对这种财产的支配权就会增长。洛克认为拥有财产权的同时也负有两种主要责任。

第一，个人财产积累不应超过其能享受的财富。第二，人负有施舍的责任。洛克认为应建立私有财产制度使财产增值，从而改善人们的生活。这种论点为未来追随他的功利主义者打好了基础。他认为，国家的建立只不过是保护私有财产和制约业主之间关系的一种契约方式。对于享用财产能力的不确定和担心，使得个人向国家放弃了自己的绝对自由，从而获得用于解决争端的法律、根据法律来判断的权威以及执行判决的权力。为此，洛克以由人民选举并对他们负责的政府代替霍布斯的专制政权。洛克认为人类建立共和制、使自己置于政府统治下的最伟大和最主要的目的是保护自己的财产。他的思想产生了一种全新的个人道德价值意识，个人的道德责任附加于财产权的时代一去不复返了。个人只需要保证在其财产权的追求中不侵害他人的权利就够了。

亚当·斯密对财产权的合理性做了经济辩护。他从经济和功利主义的角度为自我约束的个人利益追求进行了论述，认为通过创造价值，以市场为中心的经济活动将提升社会利益。尽管几乎没有什么商人具备辨别什么是公共利益或什么能直接增加公共利益所需的知识或技能，但他们对自己经济利益的追求能够服务于社会。他认为对获得更好生活境况的个人利益的追求是人类最强大也是最持久的一种动力，这种动力与生俱来。这种动机促进了社会的发展，市场反映社会的所需所求，它确保个人利益追求，同时产生了最大的社会利益。他主张，如果个人利益追求要服务于社会，那么它必须在严格的自我控制的基础上进行实践，并集中于其具体行动的长期意义。

功利主义者为社会工业化的理性化和个体的财富积累提供了世俗的道德指南。它实质上宣布免除了所有权和经济活动对社会所负有的许多道德责任，从而进一步推动了从以义务为基础的社会向以权利为基础的社会的转变。其中的一个结果就是，宗教在世俗事务中的作用进一步削弱。亚当·斯密认为，对于功利主义者而言，财产权源于它可提升公共利益。大卫·休谟是首批将功利作为合理存在的哲学家之一。他认为，财产权不是自然权利，而是人们选择的一种约定俗成，因为他们这样做有利于他们的个人利益。尽管他与洛克所用的逻辑推理有很大不同，但他得出了同样的结论。他认为财产权是建立人类社会的所有条件中最不可或缺的一个，在确立并遵循私有财产法规的基础上就几乎可以建立一个和谐完美的社会。所以他得出了和洛克一样的结论：保护私人产权是建立国家的主要目的。功利主义者首要的道德准则，如边沁最先定义的那样：为最大多数人寻求最大的幸福。

19 世纪的古典经济主义学家利用功利主义论点削弱了自然权力论。他们提出了两个主要的论点，这两个论点对我们理解市场经济存在的合理性有着至关重要的作用：第一，他们认为社会创造的财富越多，幸福就越大；第二，他们认为生产的最大化将创造更多的财富。把这两个论点结合在一起，他们提出最大多数人的最大幸福，是建立在生产的最大化基础上的。这种转移导致经济学家抛弃了直接创造财富的人（即劳动者）应该拥有财富的理论，从而大规模生产制度得以兴起，劳动分工越来越细，生产效率越来越高。整个社会（当然包括劳动者）都从大规模生产制度中获得了好处。这种现实展现了私有资本对于整个社会的价值。另外，在大规模生产的情况下再确定个人为产出贡献了多少已不再实际。工人们应该基于其对社会的最大贡献得到报酬，而不是对其劳动成果拥有自然权利。劳动市场决定了这些贡献的价值。

## 2.1.3　公司所有权的确立及其内部结构的法律与经济分析

萨伊说："就政治经济学而言，它只是把财产所有权看作鼓励财富积累的最有力因素，并满足于财产所有权的实际稳定性，既不探讨财产所有权的由来，也不研究财产所有权的保障方法。"[①] 显然，萨伊所评价的经济学家研究财产权的这种痼疾被某些经济学者遗传到了对公司所有权的研究中。对于这些经济学家而言，公司所有权的客观存在是他们理论研究的一个重要前提或假设，但显然，他们"一直未能清楚地陈述其假设"[②]。对于公司所有权研究而言，另一个同样值得关注的事实是：许多法学家甚至经济学家否认企业或公司所有权作为一项独立所有权的存在。这便更加说明了探讨公司所有权存在的法律基础对于所有权理论研究的重要性。本部分试图从法律的视角解读公司所有权存在的必然性，并以此为起点，运用法律和新制度经济学的方法解读公司所有权的微观结构。

**1. 公司所有权的确立**

（1）公司作为一个整体所具有的"物"的属性使得公司能够成为物权乃至所有权的客体，从而能够被他人拥有。

作为物权客体的物具有以下特征：第一，作为物权客体的物原则上为有体

---

① 让·巴蒂斯特·萨伊. 政治经济学概论 [M]. 陈福生，陈振骅，译. 北京：商务印书馆，1998：128.

② COASE R. The nature of the firm [J]. Economica, 1937 (4)：386-405.

物。公司的资合性决定了公司从其物化形态来看具备了有体物的特征，从而能够成为物权的客体。按照投资者个性和公司资产要素的浓淡程度，企业分为人合企业和资合企业。从普通合伙企业至有限合伙公司、有限公司、股份公司，投资者个性色彩依次淡化，企业资产色彩依次增强。普通合伙企业作为人合色彩最浓的企业，称为人合企业（人的企业）；股份公司作为企业资产色彩最浓的企业，称为资合企业（物的企业）。在此，需要予以辨析的是公司被大陆法系国家认为所具有的一个属性，即社团性。公司的社团性强调公司是社团法人，而非财团法人。社团法人系以社员为成立基础的法人，对于公司而言，其本义就是公司必须由两个以上股东共同出资组成。传统公司法之所以强调股东的复数性，除了法理认识外，更基于经济因素的考量。在通常情况下，股东人数越多，公司资本越雄厚，公司债权人的权利才能得到更好的保障。但公司资本雄厚程度与股东人数多寡并不一定总是成正比。公司的资信状况取决于公司资本，而非股东人数。事实上，随着西方国家乃至我国对一人公司的地位为法律所认可，公司也逐渐失去其社团性质的特征。因此，公司的社团性并未从根本上动摇公司整体"物"的属性。第二，作为物权客体的物必须是独立物。所谓独立物是指能够单独、个别地存在的物。只有是独立物，物权人才可以进行直接的支配。集合物原则上不能设定物权。但是，如果一个集合物本身具有单独的特征和价值，相对于其他物而言也可以成为独立物，就也可以作为物权的客体。公司作为一个"产权集"或"资产集"，[①] 于其他组织的财产而言是一个独立物，因而也可以成为物权的客体。第三，作为物权客体的物可以是流通物，也可以是限制流通物。流通物是指法律允许在民事主体之间自由流转的物。限制流通物是指法律对其进行民事流转的范围和程度给予一定限制的物。对于公司，尤其是股份公司而言，股票市场的存在为公司产权的交易提供了重要的平台，公司控制权市场的客观存在即是最好的例证。当然，由于公司控制权市场（或产权交易）的运作，尤其是恶意收购可能会损害公司的一些特定利害相关人——如员工和管理者的利益，所以各国均从立法的角度对公司控制权市场的运行做了必要的限制，但显然并未从根本上否定公司整体作为一项流通物的特性。

根据上述分析，我们可以得出结论：公司作为一个整体，符合"物"的定义。但应补充说明的是：公司作为一项新的、特殊形式的物，体现的是公司的

---

① 奥利弗·哈特. 企业理论：一个企业家的观点 [M] //普特曼，等. 企业的经济性质. 孙经纬，译. 上海：上海财经大学出版社，2000：462.

物化形态，是就公司整体而言的。也就是说，将公司内部的所有个体财产看作一个整体，它们都是实现公司经济目标所不可或缺的，它们共同发挥作用，而这种作用因为公司经营目标的确定而被特定化。作为一项特殊形态的"物"，公司是商品经济高度发达的产物。传统罗马法的所有权概念是否预见了工业社会中的所有权形态？当现实与概念发生冲突的时候，是修正概念以适应现实，还是固守概念而不顾现实？如果现实生活已经提出了原有法律概念无法解释的问题，我们只有两种选择：修正原有的概念或创制新的概念。将公司从整体上看作一类新型的物的理论创新更加符合法学理论演进的客观规律，也具有更充分的理论依据。

关于物权客体的拓展问题事实上正受到我国越来越多法学者的关注。比如，面对日益增多的非有体物而又迫切需要物权法保护的财产，传统物权理论关于物权客体是有体物的观念过于陈旧，必须采取措施扩大物权客体范围。孟勤国认为实物形态（外在形体）只是帮助识别"一物"的因素，不是"一物"的根本特征，因此他主张作为物权客体的物是能为特定主体所直接支配的财产利益，只要能够特定化、能被识别、独立于其他客体，进而能被直接支配的财产利益都是物。[①] 在新的定义下，物的范围比较广阔，除传统物权理论的有体物外，还包括企业资产、票据等物权凭证所代表的财产利益等。他主张废弃有体物和无体物这样一种不当而且无用的分类。胡吕银认为物权客体发生了由实物形态向价值形态的转化。当物权客体范围扩大之后，继续用形体标准来界定物已经过时。[②] 这些观点都支持公司财产作为一个整体成为物权客体的结论。公司整体作为一项新的、特殊形式的物，是商品经济高度发达的产物，传统的物权法概念应当做出相应的反映，从而增强法律的解释力。

事实上，与经济学不同，国内法学界对公司整体能够作为物权的客体这一论断并无异议，法学界真正争论的是谁对公司资产整体上拥有所有权，或者说，公司所有权的主体究竟是谁。关于这一问题的论述将在下文展开，在此先行讨论的是经济学家之于公司所有权的观点。总体而言，企业或公司所有权在经济学界是一个广为接受的观点，虽然经济学家很少从法律的角度寻找企业所有权

---

① 孟勤国. 中国物权法理论研讨会观点综述 [J]. 中国社会科学院研究生院学报，2004（5）：50-56.

② 孟勤国. 中国物权法理论研讨会观点综述 [J]. 中国社会科学院研究生院学报，2004（5）：50-56.

存在的法理依据。但值得关注的是，随着企业契约理论的不断发展，有些经济学家开始质疑公司所有权的存在。尤金·法玛在《代理问题和企业理论》一文中谈道："我们首先把公司在任何实际意义上都有所有者这一一般假设抛开……从这一'合同关系'视角来看，企业所有权是一个无足轻重的概念。扔掉企业由它的股东拥有这一阴魂不散的概念十分重要，因为这是理解对企业决策的控制权不一定非要由股东拥有的第一步。"① 在《所有制、治理结构与委托—代理关系》一文中，张维迎也提出如下观点："严格地讲，企业作为一种契约，其本身是没有所有者的……但给定'企业所有权'的说法在经济学界如此根深蒂固，要彻底取消这个概念可能是徒劳的。尊重传统，我们只能将企业所有权区别于财产所有权，将其理解为'企业剩余索取权和控制权'的一个简化说法。"② 上述观点同时被我国公司治理学者以及公司财务学者所接受，用来作为论证"共同治理"或否定股东对公司拥有所有权这一事实的重要理论基础。事实上，国内学者显然误读了尤金·法玛的观点。在那篇文章中，他说得很清楚，即抛弃企业所有权的概念的一个重要前提是从"合同关系"即契约经济学的角度来研究企业，其目的是研究决策控制权的配置。因此，在这样一个场合，抛开这一假设即是必要的，也是符合逻辑的。我们当然可以从不同角度看待企业，如从法律的角度，由于公司所具有的资合性，从而可以将公司看作一种特殊的"物"。从契约经济学的角度，公司则常被看作"一系列的契约的联结"。前者反映了公司的物化形态，而后者则反映了公司的观念形态。前者为公司所有权的存在提供了前提，而后者则为公司所有权内部结构的研究提供了线索。以在一种视角下得出的结论来否定在另一种视角下得出的结论就如同用不同的语言进行对话，不符合理论研究的基本逻辑，因为不同的研究视角有着不同的理论功用。

（2）公司本身不可能成为构成该公司物化形态的所有权主体。

根据所有权的独占性支配性质，所有权和他物权、债权、知识产权比较，最重要的特征是所有权具有完全性。"所有权是一个人对于其所能享有的最完全的权利。"③ 所有权是所有人对其所有物进行一般地、全面的支配的最完全、最

① 尤金·法玛. 代理问题和企业理论 [M] //普特曼, 等. 企业的经济性质. 孙经纬, 译. 上海：上海财经大学出版社，2000：387.

② 张维迎. 所有制、治理结构与委托—代理关系 [M] //梁能. 公司治理结构：中国的实践与美国的经验. 北京：中国人民大学出版社，2000：18.

③ 纳普. 国际比较法百科全书：第 1 卷：各国法律制度概况 [M]. 高绍先，夏登峻, 等译. 北京：法律出版社，2002：7.

充分的物权，它不仅包括对于物的占有、使用、收益，还包括对于物的最终处分的权利。所有权作为一种完全的权利，是他物权的源泉，即所有人可以在其所有物上为他人设定他物权。这些他物权仅仅是就占有、使用、收益某一特定方面对于物直接支配的权利，它们只以所有权的部分权能为内容。公司作为法律意义上的拟制人本身并无生命力。倘若公司本身成为其财产的所有人，则它只能通过公司机关（即管理层）行使所有权的相应职能，但公司管理层在行使"所有权"时显然受到诸多限制：其一，管理层的权利范围是有限的，该有限范围为公司法以及公司章程所规定；其二，就其有限范围的权利的行使而言，同时还受到公司股东及其代理机构董事会的制约。就连反对将股东看作公司所有者的国内著名法学家江平也认为"整体存在的法人财产权（即主体为法人的所有权，笔者注）受股东所有权的支配，公司不能以所有者身份对抗股东全体的共同意志、不能以法人财产权对抗股东所有权"①。对所有权的限制只能源于法律的规定，其目的是维护不特定大多数人（即社会公众）的利益不受侵害。而对公司机关权利运用限制的规定同时存在于公司法和公司章程（体现了股东的意志）之中，且其目的主要是维护作为一个特定群体的股东的利益。因此，公司拥有的所谓"所有权"显然不符合所有权的完全性。公司财产作为一个整体，其所有权的主体只能从公司外部寻找。日本法学界的通说将股份公司视为"将分散的多数人的企业所有权简单化的制度来理解"②便说明了这一点。

公司具有法人地位是公司财产所有权为公司所有（即公司法人所有权）的一个重要论据，但这显然是误读"法人"概念的结果。公司法人人格确立的基本目的是限制公司股东对公司债权人的责任。当然，在我国，法人概念的引入的另一个重要作用是试图削弱政府对国有企业以及国有控股公司的直接控制，这是由 20 世纪 80 年代初我国《民法通则》颁布时的特定背景所决定的。也正是这样一个背景导致了我国法学者尤其是经济学者对"法人"概念的误读。法人概念的确立使得公司股东对公司债务仅承担有限责任，从而降低股东的投资风险，以极大地推动作为一种新型的生产组织形式——公司制度的发展，而不是试图让没有生命力、仅仅在法律意义上存在的公司本身对其财产拥有所有权，即公司的法人地位与公司法人对公司本身拥有所有权是两个不同的问题。当然，可能有些学者认为，如果不承认公司法人所有权，公司债权人的利益将无法得

---

① 江平. 新编公司法教程 [M]. 北京：法律出版社，1994：76-77.

② 刘俊海. 股份有限公司股东权的保护 [M]. 北京：法律出版社，2004：49-50.

到保障。股东投资风险的控制（即承担有限责任）与公司债权人利益的保障在公司制框架下的有效平衡是公司法的核心之所在。遍阅各国公司法可以发现，对债权人的利益保障是通过对股东出资行为的规范，其中最重要的就是资本确定原则、最低注册资本原则和资本维持原则，对这些原则的坚持显然是股东承担有限责任以及债权人利益得以保障的前提。因此，公司法人所有权的存在并不是公司债权人权利得到保证的必要条件，或者说，仅仅在法律上规定公司法人所有权的存在对于保护债权人利益并无实质性的意义，因为如果没有上述与股东行为密切相关的基本原则的坚持，公司债权人的利益照样无法得到保障。总之，以公司在法律上具有独立的人格从而把股东与公司资产割裂开来是没有法理依据的。

关于公司法人有无行为能力的法学理论以及各国立法惯例可能有助于我们对"法人"的理解，进而帮助我们形成公司能否成为其财产的实际所有者的正确判断，因为公司成为所有权主体的一个基本前提就是公司必须具有行为能力。关于公司有无行为能力的学说有两个：法人拟制说以及法人实在说。法人拟制说认为法人仅在观念上成为私法主体，并不实际存在，从而没有意思能力和行为能力。董事或董事长是公司的代理人，董事在公司章程授权范围内的行为是代理行为，其法律后果依民法上的代理关系由公司承受。而法人实在说认为法人具有团体意思，团体意思通过法人机关而对第三人表示，董事会或董事是法人机关，而不是法人的代理人，故董事会或董事的职务行为是公司自身的行为，而不是代理行为。法人拟制说为普通法系国家所坚持，而法人实在说虽在大陆法系国家有一定的影响力，但事实上各主要国家并未实质性地接受该观点。这一点可从各国关于公司行为能力的立法例看出。大陆法系国家关于法人行为能力的立法例大致有两种：一是避免就法人有无行为能力做出判断，仅确认何种行为应由公司负责任。如大陆法系的主要国家德国、日本的《民法典》。二是明文规定法人有行为能力，如瑞典和中国。显然，我国公司法采用的是法人实在说，明文规定法人有行为能力。通过国际立法的比较，就不难理解我国法学者对"法人"概念的误读影响到我国公司法的立法。将公司行为与董事或经理的行为区分开来和将股东与公司财产的联系割断一样是没有理论依据的，其唯一的结果是使我们陷入理论泥潭，徒增学术纷扰。

（3）股东权和公司所有权之间关系的进一步讨论。

国内有些法学者认为股东权是独立于债权和物权的一种年轻的民事权利，

并认为它是一种特殊的社员权，从而将股东权与公司所有权严格地区分开来，即认为股东所拥有的权利应被称为股东权而非公司所有权。刘俊海认为："社员权是一种独立的民事权利，而股东权则为社员权的一种。"① 他的这一观点源于德国学者瑞纳德。瑞纳德于 1868 年即提出"社员权"概念，并于 1875 年首倡股东权为一种独特的社员权。江平也认为："公司的股东一旦把自己的投资财产交给公司，就丧失了对该财产的所有权，而取得了股权。股东个人无任何支配公司财产的权利。公司对自己的财产享有充分、完整的支配权，也可以说，公司对自己的财产享有所有权。投资行为而形成的权利就是股权，股权就是资本权，只有把财产变成资本才能产生股权。股权可以理解为是一种独立的财产权利，它既不同于所有权，也不同于经营权等他物权。"② 他甚至将《公司法》（1999 年修正版）第三条之规定"公司享有由股东投资形成的全部法人财产权"中的"法人财产权"解读为"法人财产权当然包括财产所有权"。不过，这一误读从公司法本身的有关规定便可得到印证，如我国《公司法》（1999 年修正版）第四条第一款就明确规定"公司股东作为出资者按投入公司的资本额享有所有者的资产受益、重大决策和选择管理者的权利"。同时，为了论证股东权不是公司所有权，江平还提出如下观点："全体股东的共同意志（公司章程和股东决议）对公司具有支配力——不是直接支配具体形态的公司资产，而是直接支配公司资产的所有者本身（即公司法人，笔者注）；不是对物的支配，而是对人（即公司管理者，笔者注）的支配。就此而言，股东作为整体而拥有一种不以物为客体的所有权。"③ 针对这一论证过程，我们可以发现存在两个逻辑问题：第一，他显然承认公司（即所谓公司财产的所有者）与人（即董事及董事会）不可分离，因此可以断定，在对法人的行为能力的理解上，他是坚持法人拟制说的。既然坚持法人拟制说，就意味着不承认公司具有行为能力。在这样的前提下，公司又怎么能成为所有权的主体？第二，根据物权法的基本理论，所有权具有弹力性，即所有权可以部分甚至全部与所有权分离，但只要没有发生使所有权消灭的法律事实，所有人仍然保持着对于其所有物的支配权。因此，以股东无法对公司财产进行直接控制为由否定股东拥有公司所有权是没有法理依据的。

① 刘俊海. 股份有限公司股东权的保护［M］. 北京：法律出版社，2004：47.
② 江平. 新编公司法教程［M］. 北京：法律出版社，1994：28.
③ 江平. 新编公司法教程［M］. 北京：法律出版社，1994：76.

就现有的基本法学理论来看，"股东权"这一提法只是说明了该权利的主体，并未说明该权利的法律性质。因此，从法理上，要么将股东权归入社员权，要么将其归入物权，而不能将股东权作为并列于物权和债权的一项单独的民事权利。也就是说，必须在现有的框架内对股东权的法律属性做出界定。将股东权是看作一种新型物权还是看作一种新型的社员权的关键在于是否承认股东权的财产权属性。将股东权视为一项特殊的社员权的国内法学者刘俊海认为股东权既包含财产权（如收益权），也包括非财产权利（如股东参与公司经营管理的权利，即表决权）。然而，即使在属于大陆法系的日本，法学者片山义雄在其所著的《株式会社法论》中明确地将股东权视为财产权。至于普通法系国家，则从来将表决权看作财产权而不是所谓的非财产权。① 在传统的罗马法看来，财产权仅包括物权和债权。严格意义上的社员权不属于财产权，而属于人身权或身份权。因此将股权看作一种特殊的社员权无异于将股票类比于俱乐部的会员卡。然而，股票和会员卡之间质的区别却是显而易见的。

另外一些学者认为股东拥有的仅是股票所有权，而不是公司财产的所有权，从而将股票所有权与公司所有权割裂开来。这种观点也是经不起推敲的。股票是有价证券中的一个重要类型，因此，研究股票所有权的法律属性应从对有价证券的分析开始。前文已经述及，有价证券上的权利的特点在于它由两种权利组成，即对物质形态的证券（一张纸）的所有权（即证券所有权）和证券所表彰的财产权利（即证券权利）。《瑞士民法典》第五编第九百六十五条把有价证券定义为："有价证券是一切与权利结合在一起的文书，离开文书即不能主张该权利，也不能将之（即权利）移转他人。"这是大陆法系国家的一个典型定义。因此，有价证券是用来设定并证明财产权利的，财产权利就体现在证券上，权利与证券须臾不可分离，脱离股票上的财产权利而空谈股票本身的所有权是没有任何意义的。尤其是在当今的资本市场，股票的无纸化（或电子化）使得股票所有权被虚拟化，此时，若割裂股票所有权与公司所有权的联系，则所谓的股东权利便也将被虚拟化。

法人财产权与股权的性质问题事实上一直是我国民法学界争议的焦点。早在我国紧锣密鼓地制订《物权法》的时候，"中国物权法理论研讨会"于2004年5月10日至11日召开。参加本次研讨会的有全国人大常委会法制工作委员

---

① 刘俊海. 股份有限公司股东权的保护 [M]. 北京：法律出版社，2004：48.

会和广西壮族自治区人大常委会法制工作委员会的领导同志、一些省市的法律实务专家，以及来自三十余家国内高校法学院所的专家学者。会议期间，与会专家学者就中国物权法立法和理论上的热点、焦点问题进行了热烈的讨论，其中包括股权和法人财产权的性质问题。在两天的会议中，没有学者主张法人财产权应定性为法人所有权。孟勤国教授认为股权是一种按份共有的所有权，但它不是一般的按份共有，而是通过一种组织所形成的高级形态的按份共有。法人财产权不是所有权，而是占有权，确切地说是占有权当中的经营权。用占有权来界定法人财产权，不会影响企业法人的自主经营，因为占有权是独立于所有权并与之平起平坐的。反之，如果把法人财产权当作所有权，股权在民法中就无处栖身了。因为按照"一物一权"原则，在法人财产权被定性为所有权之后，股权就不能被当作所有权了。他同时认为由公司法规定法人财产权性质是不正确的，公司法是民事主体法而不是民事财产法，财产权利不由财产基本法规定而由民事主体法规定，违背了立法理论和各国立法惯例。他还阐述了股权与社员权的关系：股权作为按份共有的高级形态，是法定的共有形式，由于股权存在于公司这种组织内部，因此也表现为社员权性质，但一般的按份共有也是共有人共同决定事务，也有成员权，只是一般的按份共有的成员权未进化到社员权的形态而已。股权是所有权并不排斥其同时也是社员权。李静堂教授反对将法人财产权定性为所有权，主张以经营权界定法人财产权。凭借经营权，企业法人可以占有、使用和依法处分企业财产；而企业中的收益权则具有两重性，国企法人享有直接收益权，国家则有间接的最终的收益权。何山教授则认为股权就是所有权。国企财产仍归国家所有，所以国企财产权不是所有权而只是经营权；在国家和其他主体共同投资的企业中，国家和其他股东都是所有权人，按份共有国企所有权。他还特别强调，在当前国有资产流失现象严重的情况下，如果把国企财产权定义为法人所有权，很可能助长国有资产的流失。我们认为，按照财产权的逻辑确认公司所有权的真正归属是保护财产权（包括公有财产权），发挥财产权功能的重要前提。①

　　从立法例来看，遍阅各国公司法以及公司治理的相关规定，对公司拥有所有权主体的规定无一例外的是股东，即使是在大陆法系的国家。比如在日本，自民党法务部商法委员会发布的《关于公司治理结构的商法修正案》首先明确

---

① 孟勤国. 中国物权法理论研讨会观点综述 [J]. 中国社会科学院研究生院学报，2004（5）：50-56.

规定"股份公司是属于股东的，股份公司的主权者为股东"。我国的《公司法》也做了类似的规定。将股东权作为物权之下的一个新型物权，从而认可股东权与公司所有权在法律层面所具有的一体性，不仅有深厚的法理基础，也广为各国的立法例所接受。

### 2. 公司所有权的内部结构

（1）公司所有权内部结构的法律解释。

本部分将分别从公司所有权的权能和权利的具体内容以及法律性质入手，对公司所有权的内部结构做出清晰的法律解释。

所有权的权能，是所有人为利用所有物实现其对所有物的独占利益，在法律规定的范围内可以采取的各种措施与手段。所有权的不同权能表现所有权的不同作用，是构成所有权内容的有机组成部分。从法律的视角对公司所有权权能的探讨必然追溯到普通财产所有权权能的经典定义。从物权法的角度看，关于所有权的权能有多种提法。罗马法认为，所有权的成分包括对物的物质的使用权、取得收益之权以及让渡的处分权。法国的《民法典》把所有权归结为使用权能和处分权能。苏联的《民法典》认为所有权的权能包括占用、使用与处分。我国的《民法典》规定所有权的权能有占用、使用、收益与处分。可见，从立法例来看，各国民法对所有权权能的具体规定并非完全一致，但有一点是共同的，即无论是资本主义民法还是社会主义民法都将处分权作为所有权的必要权能，由此可见处分权对所有权效力的至关重要性。至于其他各项权能规定的不一致，实际上并不代表各国对所有权本质的不同看法，而仅表现出各自关注的重心不同而已。具体到公司所有权，我们应该在所有权权能传统定义的基础上，结合公司作为一种物的特殊性来厘定其相应的权能。比如，任何人都不可能实际占有和使用公司，因此，占有和使用便不应构成公司所有权的具体权能。但处分权尤其是收益权则显然是不可或缺的。有的学者认为随着社会经济的发展，所有权的权能将会不断扩大，如史尚宽在《物权法论》中便明确将管理看作所有权的一项独立权能。F.H. 劳森和伯纳德·冉得认为："从现代生活出发，我们可以把它们（即权能，笔者注）解释为物质的使用权，金钱、实物或服务形式的收益权和包括让渡物的管理权。"① 这些观点突出强调了现代经济生活的管理职能，对于界定公司所有权的权能有相当的积极意义。据此，我们

---

① F.H. 劳森，伯纳德·冉得. 英国财产法导论 [M]. 曹培，译. 北京：法律出版社，2009.

可以将公司所有权的权能定义为管理权、收益权和处分权。

公司所有权的具体内容是其权能的具体化，是确保其权能得以实现的重要保证。根据权利行使的目的，公司所有权可分为自益权和共益权。这种分类方法是公司所有权最为重要的分类方法，为日本学界通说。自益权是股东以从公司获得经济利益为目的的权利，主要包括股利分配请求权、剩余财产分配请求权以及股份转让权等。共益权是股东以参加公司的经营为目的的权利，主要包括表决权（包括决策重大事项以及选择管理者）、提案权、质询权、代表诉讼提起权以及财务信息知情权等。由于公司所有权的管理权能被让渡给职业经理人，公司所有者为确保自己收益权的有效实现，便根据自己拥有的所有权，派生出共益权，以试图抵消管理职能与所有权的分离对公司所有者的权益可能带来的消极影响。

与普通财产所有权一样，各具体权能并不能体现公司所有权的法律性质。正如大陆著名民法学家佟柔所指出的："所有权并不是其各项权能简单相加。所有权的权能或内容只是实现所有权的手段，或称所有权的作用。"[①] 公司所有权的法律性质体现在所有人对公司整体作为一项物的独占性支配权。该独占性的支配权根本上反映的并不是所有人与公司的关系，而是公司所有人与非所有人的关系。相对于普通财产权而言，公司所有权的独占性支配权具有一定的相对性。因为从经济学角度看，公司作为一种特殊物，它具有经营性质，同时又是诸多利益的交汇点，公司所有者利益的实现有赖于公司其他利益相关者权益的合理满足。经济意义上的合作使得公司所有权的独占性支配权显得更加富有弹性。

所有权虽然是最完全的物权，但其权利的形式仍然有着诸多的法律限制，权利人只能在法律规定的范围内享有和行使权利。从罗马法以来，所有权就一直被当作一项最完全的权利。《查士丁尼法典》中的所有权就非常接近于一项绝对的权利。现代各国民法接受了罗马法所有权的概念，但没有把所有权作为一项绝对的权利，而是根据社会发展的需要规定了相对的限制。这些限制主要基于公共利益、其他公民利益以及环境保护等的考虑。这对于公司所有权而言是同样适用的。同时，由于公司的特殊性，对公司财产权权能的运用可能更加严格，而且可能会产生新的限制理由，如公司其他利益相关人利益甚至是道德和社会责任的考量等。因此，我们一方面应该认识到公司所有权的诸多法律限

---

① 中国法学会民法学经济法学研究会. 1998 年民法经济法年会论文集 [C]. 西安：陕西人民出版社，1999：132.

制，另一方面却不要因为法律限制的存在从而否定公司所有权本身的存在。比如，国内经济学者崔之元从美国 29 个州公司法的修订（即要求公司董事会在公司并购过程中应考虑利益相关者的利益）便得出公司法改革"突破了私有制逻辑"的结论未免过于仓促。①

（2）公司所有权内部结构的经济学分析。

1974 年诺贝尔奖得主冯·哈耶克曾语重心长地告诉他的经济学同行说："我们应该经常地拣出有争议的专门术语，并如实地追究它到底是怎么一回事。"马克思也指出："这（指概念的辨析，笔者注）的确是琐事，但这是在显微镜下的解剖所要做的那种琐事。"② 事实上，经济学的革命往往体现在概念革命，如科斯提出的交易费用概念、威廉姆森提出的资产专用性概念等。下面所要做的工作是尝试从经济学的角度解剖公司所有权的内部结构，至于从经济学的角度论证究竟谁应成为公司所有者则放在本书的第 3 章进行。

如前所述，公司所有权的法律本质是公司所有人对公司的独占性支配权。从经济学的角度看，在公司实际开展生产经营活动的过程中，这种独占性的支配权表现为对公司营运活动的控制。因此，从经济学的角度我们可以将公司所有权的本质看作对公司经营活动的控制权。在此，我们将法律意义上的"支配权"转换成经济学意义上的"控制权"，不仅是由于控制权能更好地描述公司所有权的经济性质，即支配权更多地反映了公司所有权人的权威，而控制权则能更好地体现公司所有权存在的经济目的，而且也更符合经济学的措辞习惯。在经济学界，许多著名的学者将控制或控制权与公司所有权联系在一起，比如伯利和米恩斯提出的"所有与控制分离"的命题，在他们看来，"控制"实际上体现了"所有"（即公司所有权，笔者注）的本质。正因为如此，他们才担心所有与控制的分离使得公司所有权被虚置，从而可能极大地损害私有财产权的经济功能。不过，我们后面的分析将表明他们的担心是多余的，因为与所有相分离的不是控制，而是管理。③ 再比如被詹森所鼓吹的公司控制权市场，该市场实际上是公司的收购和兼并市场，市场交易的对象是公司的所有权，因此，

① 崔之元. 美国二十九个州公司法变革的理论背景 [J]. 经济研究, 1966 (4)：35-40, 60.
② 贺卫, 伍山林. 制度经济学 [M]. 北京：机械工业出版社, 2003：88.
③ 钱德勒. 看得见的手：美国企业的管理革命 [M]. 重武, 译. 北京：商务印书馆, 1987：235.

此处的公司控制权实际上指的是公司所有权。建立在对公司经济性质这样一种认知的基础上，我们可以断言：公司控制权是公司所有权的经济实质。

从法律角度，我们常常运用具体的权能以及权利的具体内容（包括自益权和共益权）来界定公司所有权。但在新制度经济学的意义上，学者们定义公司所有权的方式却有所不同。概括起来，经济学上定义公司所有权有三种方式：根据剩余索取权定义、根据剩余控制权定义，以及根据剩余所有权和剩余控制权共同定义。

杨小凯和黄有光用剩余索取权定义所有权。① 剩余索取权是相对于合同收益权或固定索取权而言的，指的是对公司收入在扣除所有固定的合同支付（如固定工资、利息等）后的剩余的要求权。根据剩余索取权定义企业所有权的理由在于风险承担和激励要求。虽然公司所有权往往拥有剩余索取权，但剩余索取权本身并不能充分反映公司所有权的本质。因此，根据剩余索取权定义公司所有权是不可取的，尤其是在当前时期公司剩余索取权被企业契约参与者广为分享的情况下尤为如此。有关这方面的进一步理论分析将在后文具体展开。

剩余控制权的概念是哈特在《企业理论：一个经济学家的观点》一文中提出的。在哈特看来，在一个存在不确定性的市场环境中，交易成本的存在使得交易双方不可能订立一份完全的长期合同来治理他们之间的交易关系。由于初始合同有缺口、有遗漏条款或模棱两可，资产用途的某些方面未被明确规定，而决定这些资产用途上的遗漏方面的权利就是所谓的剩余控制权。哈特进一步将企业所有权定义为剩余控制权，认为一项资产的所有权应与对该资产的剩余控制权的拥有附着在一起。②

张维迎等国内主要经济学家则通常采用剩余索取权和剩余控制权一起来定义企业所有权。鉴于剩余索取权和剩余控制权通常对称配置，这种定义方式在理论上也是可以接受的。与哈特认为控制权是私有财产所有权的派生物不同，张维迎认为控制权（即剩余控制权）是剩余索取权的派生物，③ 因此，以张维迎为代表的国内经济学家实际上仍倾向于根据剩余索取权定义企业所有权。

---

① 杨小凯，黄有光. 专业化与经济组织：一种新兴古典微观经济学框架［M］. 张玉纲，译. 北京：经济科学出版社，1999：178.

② HART O. An economist's perspective on the theory of the firm［J］. Columbia law review, 1989（7）：1757-1774.

③ 张维迎，等. 公有制经济中的委托人—代理人关系：理论分析和政策含义［J］. 经济研究，1995，30（4）：10-20.

（3）产权与公司所有权的比较研究。

在从经济学的角度分析公司所有权时，我们不得不提到经济学上另一个重要的概念——产权。产权这一范畴最经常也是最重要地被用在以下场合：产权经济学、产权理论或产权学派、产权改革等。但无论是被用于何种场合，归根到底，产权这一词是外来的。因此，若要真正厘清产权概念的确切内涵，就必须追根溯源。

经济学家（包括国内经济学者）对产权问题的研究兴趣是由罗纳德·科斯发表于1960年的一篇著名论文《社会成本问题》激发的。这篇论文的发表标志着新制度经济学中的两个学术领域的诞生：产权经济学以及法律经济学。产权经济学为我国经济学者广为关注，但法律经济学在我国经济学界没有太多市场。这似乎可以说明我们经济学者误读产权内涵的戏剧性原因。产权概念虽然是通过《社会成本问题》这篇论文才为广大经济学者所关注，但该范畴却是在这篇论文发表以前便早已存在于普通法系国家重要的法律文献之中，也就是说，产权这一概念并不像"交易费用"概念一样为科斯所独创。在英语中，产权至少有三种表达方式：Property、Property rights 和 The right of property。从英文本身的表达逻辑来看，这三种表达方式的内涵是完全一致的，对此国内学术界并无异议。我们关注的是，在英语中这些单词究竟是表达什么意思？要解决这个问题，还是必须从法律分析入手。在英国和美国等普通法系国家，既不存在物权概念，也不存在债权概念。普通法系将债权纳入合同法当中，至于与物权和物权法相对应，他们经常用到的概念是财产权和财产法（我国法学界的惯常用语）。这些词汇的英文表达就是上面所列者。由于大陆法系物权概念中的债权被普通法系列入合同法，因此，从逻辑上讲，英语中的 Property 等（即中文之财产权）相当于大陆法系物权中的所有权。而这一点可以从普通的英语词典得到引证。比如，在《牛津现代高级英语双解词典》中，对 Property 词条所做的英文解释中就有一条：[U] ownership; the fact of owning or being owned。倘若翻译成中文，则是：所有权，所有。可见，无论是从法律逻辑还是语言逻辑来看，英语中的 Property 等实际上就相当于中文"所有"或"所有权"。至于我国法学界为何不用"所有权"而是采用"财产权"，则可能有两个解释：第一，所有权是大陆法系（我国立法主要渊源于大陆法系）中的标准范畴，虽然从一般意义上讲，Property 相当于所有权，但若从严格的法律角度来看，二者内涵未必完全一致，因此，若在法律上将 Property 译作所有权恐有不妥；第二，所有权归根到

底属于财产权，这一点无论是在大陆法系，还是在普通法系，甚至是在非法律
的专业领域以及日常生活，都是毫无疑义的。因此，将 Property 译成财产权既
符合法律逻辑和通常的措辞习惯，在法学理论上也比较稳妥。中共中央编译局
在翻译马克思的著作（英文版）时，"根据原著的具体情况选择不同的译法。
凡是原文在法律的角度使用这个词，一般就译为'所有权'或'财产'；凡是
原文在经济学的角度使用这个词的，一般就翻译为'所有制'或'生产资料所
有制"。① 中共中央编译局如此处理的依据是，Property "这个词在资产阶级法
学家如在卢梭等人那里，确实只有法律上的含义，即所有权的含义。从字义上
看，是'自己的东西'的意思，因此，也可以译作财产"。可见，Property 的中
文表达"所有权"是为我国政策层所接受的，至于在经济学领域为何被翻译成
"所有制"则不难理解：其一，所有权，尤其是生产资料所有权制度最直接地
反映了所有制关系；其二，这也是由马克思哲学的特殊属性所决定了的。

　　然而，在我国经济学界，该单词却常常被译作"产权"。是译作"产权"
还是译作"所有权"，这本身无关紧要，但若因为不同的中文翻译而混淆了其
英文原义，从学术上讲，虽不能说这种做法是错误的（从学术的角度上讲，即
使是外来的词汇，一旦被引进来后也可以被赋予新的内涵），但如果对其内涵的
细微差异未做充分、严格的学术研究，则可能导致学术概念上的混乱。并且，
这一学术研究还必须遵循原词汇国的学术传统与逻辑，因为如果脱离该传统或
逻辑，则意味着没有必要引进该专业词汇。比如，我国有些经济学者习惯上把
产权分为"四权"（即权能），即所有权、占用权、收益权和处置权。② 这一处
理方法显然误解了产权与所有权之间的关系。正是这一概念上的混淆，才导致
了我国经济学界产权理论研究中诸多不必要的学术争论。

　　当然，有学者可能认为，经济学的翻译为什么要遵循法律翻译的传统？当
产权经济学的创立者科斯被中国的学者告知"在中国，经济学上的'产权'概
念与法律意义上的'产权'概念有点区别"时，他的回答是："我觉得这有点
难以理解。我觉得，产权是一种权利，人们所享有的权利，包括处置这些桌椅
的权利。"③ 也就是说，产权经济学也好，法律经济学也好，它们的研究基点就
是经济学研究与法律研究的紧密结合。实际上，这也正是新制度经济学的重要

① 有林. 论生产资料社会主义公有制 [M]. 北京：中央文献出版社，2008：34.
② 刘诗白. 产权新论 [M]. 成都：西南财经大学出版社，1993：43.
③ 贺卫，伍山林. 制度经济学 [M]. 北京：机械工业出版社，2003：91.

特征。比如在伊特韦尔等人撰写的《新帕尔格雷夫经济学大辞典》的"产权"词条中，制度经济学产权学派的代表人物阿尔钦把产权定义为"一种通过社会强制（即法律，笔者注）而实现的对某种经济物品的多种用途进行选择的权利"。① 阿尔钦关于产权的定义与法国《民法典》把产权定义为"以法律所允许的最独断的方式处理物品的权利"是一致的。看来，我国的经济学者并未从法律的意义上真正把握产权的本质含义。这反映了国内经济学研究中存在的一个倾向：似乎不太愿意处理跨学科的问题。然而，这却是新制度经济学甚至是整个经济学未来发展的一个重要方向。

产权这一概念不仅出现在我国经济学术界，而且相当早地在我国政策性的文件中出现过，从中我们可以看出在政策制定者们看来产权究竟意味着什么。在我国党的十三大报告中提到："一些小型全民所有制企业的产权，可以有偿转让给集体或个人。"在党的十四大报告中则更为明确地指出："通过理顺产权关系，实行政企分开，落实企业自主权，使企业真正成为自主经营、自负盈亏、自我发展、自我约束的法人实体和市场竞争的主体。"② 此后，产权改革、产权市场、产权交易等专业词汇频频出现在我党的政策性文件中。在这些政策性文件中，产权的内涵只可能是一个，那就是"企业所有权"。这也是我国政策领域"产权"内涵的基本特征。看来，我们某些产权学者对产权的理解不仅与西方的经济学传统不一致，与我国政策层面的理解也不完全相同。

## 2.2  公司财务控制权：概念的确立及内涵的界定

### 2.2.1  公司控制权

无论是在法学领域，还是在新制度经济学领域，公司所有权（或企业所有

---

① 阿尔钦. 产权［Z］//伊特韦尔，米尔盖特，纽曼. 新帕尔格雷夫经济学大辞典：第三卷：K-P. 北京：经济科学出版社，1996：1101.

② 蒋学模，张晖明. 高级政治经济学：社会主义总论［M］. 上海：复旦大学出版社，2001：137-138.

权）都是一个非常重要的概念。虽学科领域不同，但有一点是共同的，即无论是在法学家还是在经济学家看来，公司所有权是财产所有权在现代市场经济条件下的逻辑演进，是所有权的高级形态。财产所有权是交易的前提，公司所有权是交易的方式和结果。① 因此，对公司所有权的解读必须从财产所有权开始。

财产所有权的权能是指所有人为实现其对所有物的独占利益，在法律规定的范围内可以采取的各种措施与手段。罗马法认为，财产所有权的权能包括对所有物的物质意义上的使用权、收益取得权以及让渡物的处分权。具体到公司所有权，由于公司所具有的营利性以及公司作为一个"资产集"或"产权集"的集合物的特征，其权能与普通的财产所有权当然会有所不同，这一不同表现在是否应将"使用权"继续看作公司所有权的权能上。我们认为，"使用"公司实质上就是对公司进行管理。鉴于史尚宽在《物权法论》中明确将"管理"看作所有权的一项独立权能，以及 F.H. 劳逊和伯纳德·冉得从现代经济生活出发把对让渡物的管理权纳入所有权的权能范畴，本书将公司所有权的权能界定为管理权、收益权和处分权。

与普通财产所有权一样，各具体权能并不能体现公司所有权的法律性质。所有权的权能或内容只是实现所有权的手段，或称所有权的作用。所有权的法律性质体现在所有权人对所有物的独占性支配权上。作为所有权的高级形态，上述论断对公司所有权也必然是适用的，即公司所有权的本质体现为所有权人对作为一项集合物的"公司"的独占性支配权，该独占性支配权不仅反映所有人与公司间的关系，而且反映所有权人与其他非特定主体之间的权利义务关系。不过，作为一项有营利属性的集合物，并且又是诸多利益的交汇点，公司所有者独占性利益的实现必然有赖于公司其他利益相关者权益的满足。因此，经济意义上的合作使得公司所有权比普通财产所有权更富有弹性。

从经济学的角度看，在公司实际开展生产经营活动的过程中，上述法律意义上的独占性支配权便表现为公司所有者对公司经营活动的独占性"控制"。前文已述及，经济学界的许多著名学者都将控制或控制权与公司所有权联系在一起，比如伯利和米恩斯提出的"所有与控制分离"的命题以及詹森所鼓吹的公司控制权市场。通过将法律意义上的"支配权"转换成经济学意义上的"控制权"，可以得出以下结论：公司控制权体现了公司所有权的法律与经济本质。

① 张维迎. 产权安排与企业内部的权力斗争 [J]. 经济研究, 2000 (6)：41-50.

### 2.2.2　公司财务控制权

在新古典经济学看来，企业是一个"生产函数"，其基本功能就是尽量以最少的投入获得最大的产出，从而实现利润最大化。为实现利润最大化目标，企业必须开展两项基本活动：生产和销售。从新制度经济学来看，企业作为一个"契约集"，除了进行为新古典经济学所关注的财富或价值创造活动之外，还必须开展另一项活动，那就是财富或价值的分配。价值分配活动是由公司的契约性以及团体生产性的特征所决定的。因此，在一般意义上，企业完整的经济活动可以分为价值创造活动以及价值分配活动。

从价值创造的维度看，上面提到的生产和销售是基于价值创造，或是价值创造导向的活动，同时，在生产和销售这两个物化形态的企业活动背后，深藏着一个无形的价值形态活动，即财务活动。在企业价值创造的过程中，生产、销售与财务活动如影随形，相辅相成。它们之间是一体两面的关系，而不能简单地将生产、销售与财务并列起来。从而，我们有两个审视企业价值创造活动的视角：一个是物化运动的角度，即生产和销售；另一个是价值运动的角度，即财务角度。物化运动和价值运动在企业价值创造过程中被内在地统一起来，是同一个价值创造活动的两个侧面。进一步而言，生产和销售是资金运动过程的外化或物化。物化运动和价值运动之间的这种关系与生产和销售之间的关系有所不同，生产和销售是价值创造过程中的两个连续的阶段，是承前启后的逻辑关系，而非一体两面的映射关系。

与价值创造维度不同，在企业价值分配阶段，我们只能找到财务活动的影子，或者说，企业的价值分配活动本身就纯粹是一个财务性过程。通过上述分析，我们可以得出如下结论：财务是企业营利性过程的本体，它既是工具或手段性的，更是目的性的，生产和销售则完全是工具性的。这也是为什么企业的目标应从财务的角度来寻找或解读，企业目标归根到底表现为企业财务目标。与生产和销售相比，财务更具综合性，即仅通过对企业财务过程的观察便可以对企业价值创造和分配的全过程形成总括的认识。

现在可以从法律和管理的角度研究公司所有权在企业价值创造和分配过程中是如何发挥作用的。如前所述，公司所有权本质上就是公司所有者对公司营利性活动的控制权，即公司控制权。由于现代企业的组织特征是所有与管理的分离，即公司所有权的管理权能被股东以契约方式（典型的契约形式是公司章程）让渡给了职业经理人，[①] 作为公司所有者的股东对公司的控制便受到一定的"限制"，即在契约规定的范围内，公司管理者享有完全的处置权。从而，股东对公司拥有的控制权便演化为剩余控制权，相应地，我们将职业经理人拥有的对公司营运的管理权适当地称为"合约控制权"。公司剩余控制权构成公司治理的依据，而公司合约控制权则构成了公司管理专业化的基础。股东的剩余控制权产生的依据是其所拥有的公司所有权或控制权，而职业经理人的合约控制权产生的直接依据是公司所有权的管理权能与公司所有权本体的分离。由于所有权具有弹性力的特征，即所有权的权能可以与所有本体相分离但不导致所有权的消失，并且所有权的本质是独占性的支配权或控制权，剩余控制权便体现了公司控制权的本质并最终体现了公司所有权的本质。至于管理者所掌握的合约控制权，虽然从表面上看，它的存在给剩余控制权的运用造成了一定的制约，然而恰恰相反，受到制约的是合约控制权自身，这种制约正是来自股东所拥有的剩余控制权。通过后文的分析我们将得出这一结论：所有与管理的分离是在股东价值最大化这一目标引导下的结果。因此，合约控制权的存在不仅没有损害股东对公司的控制权，而且事实上强化了股东对公司的控制。或者可以这样说，管理者所掌握的合约控制权是股东对公司的控制权的有效延伸。

由于公司营利性活动被有机地划分为生产、销售和财务三个层面，因此公司所有权或控制权也将分别在这三个层面发挥作用。其中，对于根据所有权对公司财务过程或活动所施加的支配，我们可以恰当地称之为公司财务控制，相应的法律权利和契约权利便可进一步被称为公司财务控制权。从权利配置的角度，我们可以相应地将公司财务控制权划分为公司合约财务控制权和公司剩余财务控制权。前者为职业经理阶层所掌握，确立了公司财务管理的基础，表现为公司财务活动的直接支配；后者为公司所有者所拥有，构成了公司财务治理的依据，是对公司财务行为的支配，或者说是对公司财务活动的间接的却是终极的支配。公司剩余财务控制权体现公司财务控制权的所有权属性。

值得指出的是，"公司财务控制权"这一提法并非在本书中首次出现，类似的范畴事实上经常出现在国内主要财务学者的论著中，比较有代表性的如李心合教授发表在《财经科学》杂志上的《中美企业财务控制权配置模式比较研

---

① 钱德勒. 看得见的手 ［M］//普特曼，等. 企业的经济性质. 孙经纬，译. 上海：上海财经大学出版社，2000：64-71.

究》一文中的"企业财务控制权"①、汤谷良发表于《会计研究》上的《财务控制新论——兼论现代企业财务控制的再造》一文中的"财务控制权"等②。可见，"公司财务控制权"这一提法本身是广为国内财务学界所接受的。但是，国内现有的财务理论文献既未探讨该范畴存在的经济学与法律依据，也没有从经济学与法律的角度对该范畴的性质与内涵予以严格定义，更没有对公司财务控制权的配置做深入的理论研究。这样一来便导致了概念上的混淆：第一，混淆了公司财务控制（权）与财务控制；第二，有些财务学者甚至将（公司）财务控制权与"财权"视为同一个概念。这些概念上的模糊都不利于公司制度财务理论的良性发展。与现有理论不同，本书将"公司财务控制权"概念严格建立在"公司控制权"范畴的基础之上。由于公司控制权体现了公司所有权的本质，因此，从根本上讲，公司财务控制权是从属于公司所有权这个更大范畴的，正是这一点决定了公司财务控制权具有所有权的基本属性。同时，公司财务活动兼具工具性、目的性以及综合性，从而使得公司财务控制权构成了公司控制权乃至公司所有权的核心。"公司财务控制权"概念的衍生逻辑如图 2-1 所示：

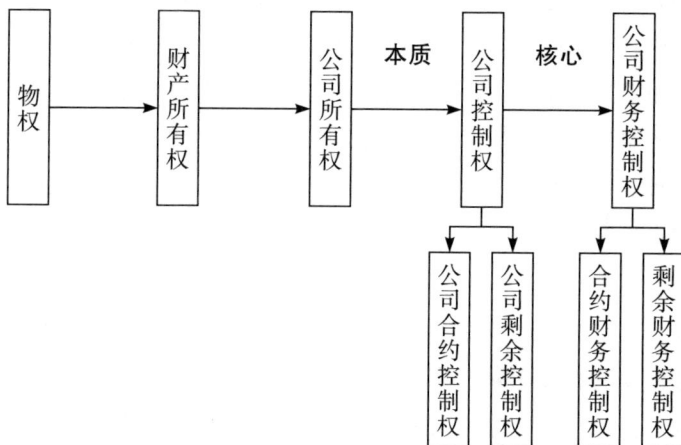

图 2-1 "公司财务控制权"概念的衍生逻辑

---

① 李心合. 中美企业财务控制权配置模式比较研究［J］. 财经科学，2001（2）：103-107.

② 汤谷良. 财务控制新论：兼论现代企业财务控制的再造［J］. 会计研究，2000（3）：7-11.

第 3 章

# 公司财务控制权配置的研究

…… ……

鉴于本书将公司财务控制权纳入公司控制权乃至公司所有权的体系之中，公司财务控制权的配置研究就必须以公司所有权的配置研究为前提。公司所有权的配置是新制度经济学企业理论的一个重要课题，因此，本书的分析将首先从企业理论的体系化回顾开始。

# 3.1　企业理论的体系化回顾

在新古典经济学那里，企业充其量是一个生产函数。企业的存在是理所当然的，对企业内部结构的研究也被认为是离经叛道。因此，将企业视为一个"黑匣子"的新古典经济学并没有实质意义上的企业理论，所谓新古典的企业理论本质上是市场理论。本书所讨论的企业理论是新制度经济学意义上的。

张维迎认为，一个完整的企业理论至少应回答以下三个相互关联的问题：①企业为什么出现；②委托权（剩余索取权和控制权）是如何在企业成员间进行分配的；③委托人用以控制代理人的最佳合约是什么。① 阿尔钦和德姆塞茨认为，经济组织理论必须解释两个重要问题：在什么条件下专业化和合作生产的收益应该在组织（如企业）内实现或通过市场获得，以及组织的内部结构是怎样的。② 在《企业的性质》这篇经典论文中，科斯从经济学的角度对创业（Initiative）或办企业（Enterprise）与管理间的关系做了严格的区分。创业被认为是指通过订立新合同借助价格机制预测和经营，即所谓的纵向一体化；而严格意义上的管理仅是对价格变化做出反应，重新布置在它控制之下的生产要素。③ 可见，在科斯看来，创业行为决定了企业的边界，④ 而管理行为解决的是基于现有的企业边界如何充分有效地配置企业的各项资源。如果将科斯以及阿

---

① 张维迎. 企业的企业家—契约理论［M］. 上海：上海三联书店，上海人民出版社，2004：207.

② ALCHIAN A, DEMSETZ H. Production information costs, and economic organization［J］. The American economic review, 1972（5）：777-795.

③ COASE R. The nature of the firm［J］. Economica, 1937（4）：386-405.

④ 在这里，边界与规模是两个不同的概念。纵向一体化决定着企业的边界，而企业规模则受到纵向一体化和横向一体化的双重影响。

尔钦和德姆塞茨的真知灼见与张维迎对企业理论的基本结构所做的归纳综合起来，本书便可以形成一个完整的企业理论体系，该理论体系由两部分组成：企业的创业理论和企业的内部结构理论。该体系如图 3-1 所示：

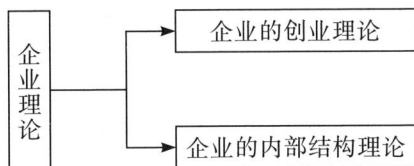

**图 3-1　企业理论体系**

下面首先对该体系做出简要定义：

（1）企业的创业理论。

该理论研究的是企业与市场之间的关系，即解释企业存在及其扩张（即纵向一体化）的基本动因。探究企业存在的原因必须对企业与市场的关系进行分析，而在分析企业与市场两者的比较优势时，企业的内部结构常被视为外生的。企业的内部结构不是企业与市场作用的产物，而是企业内各契约当事人之间讨价还价的结果。价格机制运行费用的存在决定了这种讨价还价最终必能实现均衡。

（2）企业的内部结构理论。

路易斯·普特曼指出，作为以合同关系联结的企业，其中的核心关系是雇佣关系（即雇主与雇员之间的关系）以及实物资产（或财务资源）所有权关系（即企业所有者与其他不特定主体间的关系）。[①] 据此，本书认为构成企业本体的所有权关系和雇佣关系是企业内部结构理论研究的两个基本问题，对这两个问题进行研究的根本目的在于对企业内"权威"的形成逻辑提供经济学意义上的解释。对于古典企业，该理论解决的根本问题是资本为何雇佣劳动；对于现代企业，该理论则是围绕所有与控制的分离而导致的代理关系展开，从而对代理关系的研究构成了公司内部结构理论研究的核心命题。

无论是企业的创业理论还是企业的内部结构理论，都坚持企业的契约属性，因为契约分析范式构成新制度经济学企业理论共同的研究基础。此外，就某一

---

① 普特曼，等. 企业的经济性质 ［M］. 孙经纬，译. 上海：上海财经大学出版社，2000：6.

个经济学家所提出的企业理论而言，并非要么属于企业的创业理论，要么属于企业的内部结构理论。事实上，有些经济学家的企业理论同时涉及企业的创业理论以及内部结构理论。

为了清晰地看出新制度企业理论发展的基本脉络，本书仅关注那些对新制度企业理论做出开创性贡献的主要经济学家的理论观点。并且，与国内有关经济学者所做的工作不同，本书将严格遵照上面所提出的企业理论体系对相关权威文献做出系统性回顾，从而对新制度企业理论做出全面完整的评价，避免因断章取义甚至望文生义而误读有关理论，最终确保公司制度财务理论研究依据的权威性和科学性。

## 3.1.1　企业的创业理论发展

### 1. 科斯的交易费用理论

作为公认的新制度经济学的创立者，科斯开创性的工作体现在《企业的性质》一文中。在这篇文章中，科斯首次在企业理论研究中提出了交易成本分析范式以及契约分析范式，① 并运用该范式研究了企业存在的合理性。对于科斯而言，市场和企业是资源配置的两种可互相替代的手段，它们之间的不同之处表现为：在市场上，资源的配置由非人格化的价格来调节；而在企业内部，相同的工作则是由企业主（即协调者）完成，他对企业的资源配置进行有意识的计划和组织。也就是说，企业界人士在组织下属部门间的关系时，是在做一些可以通过价格机制组织的事情。因此，科斯认为企业的本质是对价格机制的取代。② 科斯的这一观点越来越成为经济学界的主流观点。

科斯认为，一个专业化交换经济中分段成立企业能够有利可图的一个重要原因似乎是使用价格机制是有成本的，而企业的成立可以极大地节约甚至消除这些成本。首先，最明显的成本是发现有关价格成本，而在静态理论（即新古典经济学）中，一个基本的假设便是"所有有关价格都为所有人了解"，这显然与现实世界不相符。其次，为市场上进行的每一笔交易进行谈判并达成一份合

---

① 威廉姆森等进一步发展了交易成本分析范式，并最终形成了完整的交易成本经济学。在威廉姆森看来，交易费用经济学构成了新制度经济学的核心。契约分析范式则构成现代企业理论共同的研究方法基础。

② COASE R. The nature of the firm [J]. Economica, 1937 (4): 386-405.

同也需要耗费资源，这可被恰当地称为谈判或订约成本。最后，使用价格机制还有其他不利支出或成本，比如某些物品或服务的供给（尤其是劳动力的供给）应该订立长期合同，这样可以节约订立成本，而这可能是人们的风险态度使然。

在企业内部，某一生产要素（或其所有者）不必和与他合作的其他要素订立一系列的合同。这里，必须注意企业雇佣生产要素时所订立的合同的特征。在某一报酬（可以是固定的也可以是浮动的）水平上，生产要素通过合同同意在某些限度内服从企业主的指挥。这一合同的本质特征是，它应该只规定企业主的权力范围。在这些限度内，他可以指挥其他生产要素。同时，长期合同能够有效降低使用基于市场的短期合同的种种不利之处。就商品和服务的供应来说，由于很难做出预测，合同期限越长，买方就越不可能——也越不应该——规定供应方的行动。对于供应方而言，其对此无所谓，① 可以采取多种行动，而对于服务或商品的购买者来说，却并非如此。由于不确定性的存在，买方并不知道他将希望供应商采取哪一种行动。因此，所提供的服务被表示为一般条款，合同所规定的只是商品和服务的供应商应该采取的行动范围，具体细节留到以后解决。科斯认为，当资源配置在合同范围内以这种方式决定于买方时，所谓"企业"的这种关系可能就会出现。因此，企业是资源配置由企业主指导时所产生的关系体系（即关系合同或合同关系）构成的。允许其中一方拥有或至少在某些限度内拥有对交易条款的决定权可以减少交易成本。科斯认为，定义企业的正是这一权力：在企业中，交易根据老板所发布的指示或命令而发生，价格机制被取而代之。

科斯认为，企业的存在虽然可以节约交易成本，甚至还可以降低新古典经济学意义上的生产成本，但是存在管理成本，也可称之为行政成本或组织成本。首先，随着企业规模的扩大，在企业主的职能上，可能存在管理收益递减；也就是说，在企业内组织更多交易，成本可能上升。自然，有一点必须被达到，那就是说，在企业内增加一项交易的组织成本等于在公开市场上进行这项交易的成本，或等于由另一个企业主组织这项交易的成本。其次，随着被组织的交易增加，企业主可能无法把生产要素安置在其价值最大用途上。因而，有一个点也必须被达到，那就是资源浪费造成的损失必然等于公开市场上的交易成本，或当交易被另一个企业主组织时的成本。最后，随着企业规模的扩大，一种或

① 显然，科斯并未解释供应方接受购买方权威的原因。

多种生产要素的供应价格可能上升，如组织能力的供应价格随着企业规模的增加而上升，因为，出于个人主义精神，人们更愿意做一个小型独立企业的领导，而不愿意做大企业中的部门领导。科斯最终得出结论：企业实际停止扩张的点是由上述因素共同起作用所决定的。

在有人质疑科斯理论的细节（尤其是交易费用的可计量性）的同时，科斯认为企业的出现是为了节约交易成本这一具有开创性的理论观点正被越来越多的人接受。但是这些交易成本的准确特征却依然含糊不清，比如在被科斯认为是市场交易成本的主要构成部分的发现价格成本和谈判成本的背后是什么呢？或者说，是什么导致了交易成本的出现，并对其高低产生影响？同时，权力（或权威）为什么可以有效地降低交易成本也未得到充分的论证。正是出于对这两个问题的质疑，才产生了威廉姆森的资产专用性理论和哈特的产权理论。

**2. 威廉姆森的资产专用性理论**

威廉姆森对交易成本产生的基本诱因做了最深入、最广泛的分析，在此基础上提出资产专用性理论，对科斯最初提出的交易费用理论做出进一步发展。要了解威廉姆森的资产专用性理论，就必须了解什么是资产专用性，而要了解什么是资产专用性，则不得不涉及交易费用经济学的核心概念——"交易"。在威廉姆森看来，交易相异的主要维度，或将不同交易区分开来的主要标志是资产专用性、不确定性和交易次数。其中资产专用性最能把交易成本经济学和其他经济组织理论区分开来，因而是交易成本经济学的核心概念。

威廉姆森将资产专用性这一概念的有关要点概括如下：其一，资产专用性指的是为支持某项特殊交易而进行的耐久性投资。如果初始交易夭折，则该投资在另一个最好用途上或由其他人使用时的机会成本要低得多。其二，在这些情况中交易，双方的具体身份显然很重要，也就是说，关系的耐久性是有价值的。其三，为支持这类交易，各种合同和组织保护措施会出现。对于更常见的新古典和非专用性交易来说，这类保护是多余的，因而构成可避免成本的来源。①

威廉姆森认为，资产专用性有四种类型：地点专用性（Site Specificity）、实物资产专用性（Physical Asset Specificity）、人力资产专用性（Human Asset Specificity）和专项资产专用性（Dedicated Assets）。地点专用性可用资产的不动产特征来说明，它的建立或迁址成本很高。因此，一旦建设完成，交易各方在

---

① WILLIAMSON O. The economic institutions of capitalism: firms, markets and relational contracting [M]. New York: The Free Press, 1989: 362.

资产的寿命期内处于一种双边交换关系。共同所有权（Common Ownership），即纵向一体化被提出以解决这一问题。如果资产可以移动并且它的专用性源于它的实物特征，如车间用的专门冲模，便形成了实物资产的专用性。在这种专用性中，事后竞争仍有效，内部组织生产是不需要的。另外，任何引致大量人力资产专用性的条件（并非所有的人力资产都具有专用性）——无论是边干边学还是团队中的长期人力资产问题——都支持共同所有权，即雇佣关系对人力资源而言是有利的，因为它能减少人力资源拥有者的再择业成本。因此，交换的特征是雇佣关系而不是自主合同。至于专项资产投资，则是涉及为某一客户的需求扩建现有厂房，在这种情况下共同所有权很少见。

威廉姆森认为，在经济主体进行了关系专用性投资——在某种程度上专用于某些个人或资产的投资——的环境中，交易成本可能十分显著。[①] 在这种环境中，他们被相互套牢（Lock-in）。因此，这种关系一旦形成，外部市场将无法为双方的机会成本提供参照。当资产专用性低时，市场采购有规模经济和治理优势；当资产专用性很强时，内部组织有优势，市场不仅不能实现汇总经济优势，而且当资产高度专用时，由于"套牢"问题，市场治理有风险。因此，垂直一体化是当资产专用性很大时，对自主交易者间出现的基本合同问题的治理反映，公司层级组织和内部治理是对有限理性、机会主义和所使用资产的特征的综合反映。在威廉姆森看来，把资产由市场转移到企业内（即纵向一体化）缓和了机会主义行为，降低了交易成本，提高了投资激励。也就是说，随着资产专用性条件上升，存在一种从市场（具有更大的激励强度特征）向层级结构（即企业，具有更强的适应性特征）的转变。

可见，交易成本经济学用于解释垂直一体化（企业存在及扩张）的基本逻辑是：高度的资产专用性导致了较高的机会主义倾向，较高的机会主义倾向导致了较高的交易费用，而较高的交易费用最终引致了企业的产生与扩张。没有资产专用性，连续生产阶段间的自主性合同有很好的节约生产成本和治理成本的特征。但是，随着资产专用性的提高，天平向有利于组织（企业）的方向倾斜。上述逻辑如图 3-2 所示：

---

① 显然是由机会主义导致的，而机会主义产生的原因是不确定性和不完全合同。专用性投资是机会主义产生的诱因，而不确定性和不完全合同是合同后机会主义产生的基础。

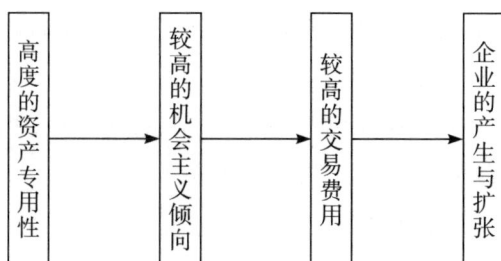

图 3-2　威廉姆森解释企业产生与扩张的逻辑

　　威廉姆森进一步提出了一个完整的交易治理的效率模型。根据描述交易的三个维度即资产专用性、不确定性和经常性，[①] 他划分了六种基本的交易类型，并认为治理结构必须与它相匹配。威廉姆森认为，对于偶尔发生和重复发生的非专用性交易，市场治理即所谓的古典合同是主要的治理结构。偶尔进行的混合性和高度专用性交易运用三边治理，即所谓的新古典合同。在这一合同中，第三方为仲裁，且仲裁优先于诉讼。对于中间品市场交易（如零部件是外购还是自制），可以区分两种类型的交易专用性治理结构：双边治理——在这种结构中，交易各方的自主权得以保持；一体化治理——交易脱离了市场而被组织于企业内，受到权力关系的制约。这两种治理方式就是所谓的关系合同。随着交易越来越特异，交易动机被弱化，原因是随着人力资本和实物资产越专用于一个用途，将越来越不容易转移到其他用途上，买方和外部供应商一样能够充分实现规模经济。垂直一体化一般出现在这种情况中，因为不确定程度之高使得适应性连续调整成为必要，而事先列举所有可能的偶然事件或规定在它们出现时的相应调整措施是不可能或成本极高的。但对于非专用性交易，关系的持久性没有任何价值，因为双方很容易安排新的交易关系。对于所有类型的标准交易，无论不确定性程度有多大，市场治理（古典合同）依然适用。但若同时存在资产专用性，可以预料，没有保护性治理结构来支持交易专用性资产会导致高成本的谈判和不适应。垂直一体化的优势是调整可以连续做出，而无须考虑、终止或修改企业间协议。交易双方在界面上身份不变和价格与数量上的广泛适应性是高度特异性交易的特征。虽然与垂直一体化相比，外部采购保持了高能激励和限制修正扭曲，但是，一旦考虑了适应性和合同费用，市场采购也暴露

--------

　　① 威廉姆森. 治理的经济学分析：框架和意义 [M] //菲吕博顿，瑞切特. 新制度经济学. 孙经纬，译. 上海：上海财经大学出版社，1998：74.

出问题。总而言之，随着资产专用性程度的逐步提高，市场合同让位于双边合同，双边合同又被一体化合同（内部组织）取代。这一有效率的交易治理模型如图 3-3 所示：

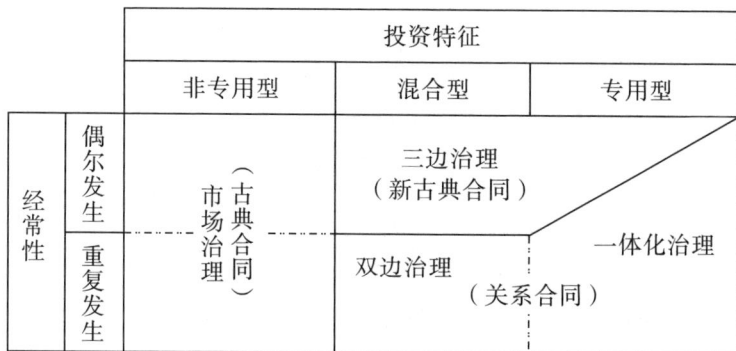

图 3-3　有效率的交易治理模型①

威廉姆森同时对企业边界受限的原因做了解释。他认为企业规模根本上的限制是资产专用性不显著的情况中内部组织的治理成本劣势。但是，对于企业在治理成本上的比较劣势源于何处却有不同的解释。奈特的解释是有限理性，他把企业活动的限制归因于一种有限理性条件。随着不确定性的增加，组织问题变得越来越复杂，认知能力边界被达到，管理收益递减规律开始起作用。威廉姆森质疑奈特的解释，认为将两个相互竞争的企业予以合并，规模经济得以充分发挥，费用得以削减，价格得以提高，不确定性得以减少。所以，合并在一起的企业能做到这两个独立企业在合并以前能够做的一切甚至更多。这一观点同时适用于横向合并、纵向合并和联合合并。由此，威廉姆森认为奈特的解释是不充分的。而威廉姆森本人对企业边界受限的解释则是将有限理性与Bartlett 现象结合起来。Bartlett 现象指的是信息或影像在多个主体间传递时出现信息加速流失这一情形。威廉姆森认为，在企业中，如果一个经理只能与有限数量的部下直接沟通，那么企业规模的增加必然导致管理层级的增加。这些层次传递信息要发生 Bartlett 式的损失，这些损失是累进的，并且被认为是指数形式的。因此，随着企业规模增加和组织中连续层级的增加，控制权（即一体化）损失效应最终将超过收益。

———————————

① 威廉姆森. 资本主义经济制度 [M]. 段毅才，王伟，译. 北京：商务印书馆，1985：356.

### 3. 哈特的产权理论

在威廉姆森看来，把资产由市场转移到企业内——即一体化——缓和了机会主义行为，提高了投资激励。但是他并没有明确指出减少这种机会主义行为并最终降低交易费用的机制。哈特应用产权理论对这一机制进行深入分析，在此基础上提出了企业的产权理论。

哈特的基本观点是：一体化的原因在于通过集聚产权或实现威廉姆森所谓的共同所有权，能够有效地发挥产权的功能，从而避免机会主义，提高投资激励，降低交易费用。一体化是如何影响激励进而影响交易成本的呢？哈特通过将企业看作产权集，运用产权分析方法解决了这一问题。[①] 哈特在很大程度上遵循了科斯和威廉姆森交易成本经济学的研究传统，但是与他们不同的是，哈特将注意力放在了实物资产——即非人力资产——在合同关系中的作用上。

在威廉姆森所分析的那类经济关系中，关系专用性投资十分重要。交易成本使得交易双方不可能订立一份完全的长期合同来治理这一关系。再看一下在投资后构成这一关系的非人力资产。由于初始合同有缺口（即不完全合同）、有遗漏条款或模棱两可，在资产用途没有被明确规定的某方面，机会主义便可能出现，[②] 而决定资产用途上的这些遗漏方面的权力属于资产的所有者。也就是说，一项资产的所有权与对该资产的剩余控制权的拥有附着在一起，所有者有权以与初始合同、惯例或法律不相违背的方式使用资产。在这种情况下，要有效地消除机会主义，产权就显得相当重要。同时，通过将企业看作一个"产权集"，哈特把企业定义为属于它的所有非人力资产，即企业所有者由于是所有者而拥有的资产。这类资产包括机器、存货、建筑物或场地、资金、客户名单、专利、版权，以及包含于未到期合同中的权利和义务——因为这些也与所有权联系在一起。但是，人力资产却不包括在内。因为人力资产不能被买卖，管理阶层和工人在合并前后都拥有他们自己的人力资本。

基于上面的论述，哈特进一步提出，在一个存在交易成本和不完全合同的世界中，源于产权的事后剩余控制权将变得十分重要，因为它们通过对资产用途的影响，进而影响关系中事后的谈判力量和事后盈余的分配，这一盈余分配

---

① HART O. An economist's perspective on the theory of the firm [J]. Columbia law review, 1989 (7)：1757-1774.

② 可见，机会主义出现的诱因包括资产专用性、不确定性以及不完全合同，而不完全合同又是由交易成本和不确定性导致的。

又影响双方持续投资于这一关系的激励。因此，当合同是不完全的，企业的边界（即产权的一体化范围）十分重要，因为这些边界决定着由谁拥有和控制哪些资产。哈特的这些观点可以用来构造一个企业边界理论。首先，高度互补性资产应该被共同拥有，这可以为企业提供一个最小规模。其次，随着企业规模的增长超过某一点，对于企业边缘位置上的活动，处于企业中央的经理将变得越来越不重要；也就是说，企业边缘位置上边际产品的增加不可能专用于处于企业中央的经理。在这一阶段，应该成立一家新企业，因为给予中央经理对边缘资产的控制权将增强套牢问题，同时却没有任何补偿性收益。从这一分析中还应该清楚地看出，如果没有显著的套牢效应，通过市场交易的非一体化总是优于一体化，因为一体化只是增加了潜在的套牢数量而没有任何补偿性收益。

哈特还运用这一产权分析方法解释对实物资产的购买是如何导致对人力资产的控制的。由于这一问题涉及对企业内部结构的解释，因此，我们认为哈特提供的洞见同时涉及企业的创业理论和企业的内部结构理论。哈特的这一结论可以非正式地表述如下：如果某人是一位工人的老板，也就是说，如果此人控制了该工人所使用的资产而不是相反，那么这位工人将会更重视此人的目标。这一结论的逻辑与科斯不同。科斯是假定老板能够告诉工人做什么事而得到这一结论的，即科斯并未论证这一结论，产权理论则是通过证明工人这样做符合他本人利益而得到这一结论的，因为这样做使得工人在以后和老板的关系中获得比较强的谈判地位。

考虑到大股份公司中存在的所有与控制的分离对私人产权功能可能造成的损害，哈特将产权理论在公司内部结构上的应用做了拓展。他认为一个股份公司仍可以被视为一个资产集合，所有者提供了对这些资产的控制权。不过现在的情况更复杂。虽然所有者（股东）一般拥有某些控制权（即剩余控制权），如撤换董事会的权力，但是实际上，至少在日常管理中，他们把许多其他权力（即合约控制权）交给了管理阶层。

哈特的产权理论将拥有对资产的剩余控制权意义上的所有权与对企业利润流索取权意义上的所有权区分开来。实际上，这些权力常常附着在一起，但也不一定总是如此。产权理论认为，对剩余控制权的拥有是一体化的关键。[①] 也

---

① 据此可进一步认为，剩余控制权体现了企业所有权的本质。

就是说，如果企业 A 想获取企业 B 的部分利润流，它总是可以通过合同进行。只有当企业 A 想获得企业 B 资产的控制权时，它才需要一体化。

### 3.1.2　企业的内部结构理论发展

在 20 世纪 70 年代，从一个简单的交易成本模型中，开始分化出各种研究企业的理论。随着人们开始关注伯利和米恩斯所提出的"所有权与控制权之间分离"的命题，学者的注意力越来越多地转向企业内部的激励机制，即企业的内部结构如何形成。不过，与伯利和米恩斯不同，关注企业内部结构的目的是要搞清楚，为了解决所有权与控制权相分离所带来的问题，企业应该如何组织起来。对这一问题开展研究要求深入理解企业的内部结构，但交易成本理论鼓励人们长篇大论地分析以下问题：企业为什么存在，以及为什么会产生纵向一体化等。通过分析败德现象、投机取巧、机会主义以及不确定性等激励问题，制度经济学家形成了一种解释企业内部组织的理论，用来解释企业的组织结构和所有权结构形成的机理。而如果仅仅根据交易成本这一分析工具，就很难形成企业内部结构理论。因此，要理解企业的内部组织结构，就必须超越交易成本概念。

由于企业的内部结构理论是公司财务控制权理论的直接依据，因此，下面将对该理论做更为全面的检视。

**1. 阿尔钦和德姆塞茨的团队生产理论**

（1）关于古典企业所有权结构的有关论述。

阿尔钦和德姆塞茨根据存在于团队生产中的不同投机取巧和机会主义行为，而不是根据交易成本的差别来理解企业的内部组织问题。[①] 他们的研究重点在于：如何根据由此产生的监督要求来解释企业的内部结构。他们的理论可适当地称为团队生产理论。

资源所有者通过合作专业化提高劳动生产率，从而节约市场交易费用，这导致了对促进合作的经济组织（即企业）的需求。阿尔钦和德姆塞茨认为：企业与市场的区别在于投入品的团队使用（即团队生产）和某一方（即中心合约人）在与所有其他投入品的合同安排中所处的中心位置，该中心合约人对所有

---

　　① 阿尔钦，德姆塞茨. 生产、信息成本和经济组织［M］//普特曼，等. 企业的经济性质. 孙经纬，译. 上海：上海财经大学出版社，2000：328-351.

其他投入品拥有权威。阿尔钦和德姆塞茨最初并不认同这一科斯式的观点，但他们最终在另一篇文章中接受了该观点。他们解释了什么是团队过程以及它为什么诱生了企业内部的合同形式（即企业的内部结构）。

阿尔钦和德姆塞茨认为，团队生产的特点包括：①使用了几种类型的资源，包括实物或财务资源和人力资源，而人力资源又包括管理和劳动；②产品不是各项相互合作的资源的独立产出之和；③团队生产中使用的所有资源并不属于一个人。① 经济组织有两个重要任务：测度投入品的生产率和测度团队生产的报酬。在他们看来，测度包含衡量和分配两个意思。在团队生产中，各个相互合作的投入品并不生产可确定的独立产品，因而无法用独立产品的产出和来测度总产出。这样便提出了一个测度问题。那么如何奖励团队成员，诱使他们有效率地工作呢？在团队生产中，相互合作的团队成员的边际产品无法直接或分别（即低成本）观察到。测度或确定团队成员边际产品的成本导致了新组织或程序的出现。通过观察各项投入品的行为可以推算出各项投入品的劳动生产率（即间接测度），也就是管理或检查投入品在团队生产中的使用方式，是测度团队生产中各个投入品边际生产率的一种可行替代方式。由于这类观察行为有成本，便导致了偷懒的存在，并进一步产生了对监督的需求。减少偷懒行为的一种办法是由某个人专门作为监督人检查团队成员的投入绩效。② 但是谁来监督监督人呢？对监督人的一种约束是由其他监督人提供的市场竞争，但由于种种原因，这种方法不是十分有效。对监督人还可以施加另一种约束：授予他获得团队净收入的权利以强化专职监督者的监督动机。③ 监督活动的专业化加上剩余索取者地位将减少偷懒行为。剩余索取者如何监督其他投入品呢？监督包括以下行为：测度产出、分配收入、观察投入品的投入行为以及测定或估计它们的边际生产率，以及对做什么和如何做的安排或指示，还有单方面终止或修改合同的权利。于是，在企业中便形成了以下权利束：①成为剩余索取者；④ ②观察投入品行为；③作为中心方与所有投入品订立合同；④改变团队中的成员资格；⑤出售这些权利。掌握这一权利束的团队成员被称作雇主，而正是这

---

① 德姆塞茨. 所有权、控制与企业：论经济活动的组织 [M]. 段毅才，等译. 北京：经济科学出版社，1999：149.

② 这一推论不严谨，因为可以考虑设计一个机制使他们之间相互监督。

③ 由此可见，剩余索取权实质上是一种义务，而非权利。

④ 德姆塞茨更重视剩余索取权在定义企业所有权中的作用，国内经济学者正是受到这一做法的影响。

一权利束定义了古典企业的所有权结构的基本特征。他们进一步认为，这些权利组合（或所有权结构）之所以出现，是因为它比非集中化的合同安排更好地解决了团队生产中的偷懒问题，即信息不对称问题，从而成为应对测度困难且能节约测度成本的方式。

阿尔钦和德姆塞茨进一步分析了能够被企业拥有的投入品以及只能被企业雇佣（显然不等于拥有）的投入品的特征。剩余索取者（即中央雇主或所有者）如何证明在发生损失时有能力向所雇佣的其他投入品提供所承诺的支付呢？他可以预先支付或者投入足以抵补负剩余的财富，包括向企业投入机器、土地、建筑物或原材料等。这些因素表明，剩余索取者（即企业所有者）只能是企业中实物资源的投资者。由于劳动力与劳动者本身具有不可分性，无论是从经济的角度，还是从法律的角度（因为现代社会不允许存在奴隶制），劳动力不可能被他人拥有，将劳动力（即人力财富）投入企业中并不具备可行性。由此他们得出如下结论：能被企业拥有的资源是特定的实物资源或财务资源，而人力资源则不可能被拥有。这一观点与哈特不谋而合。

（2）关于公司所有权结构和组织特征的有关论述。

阿尔钦和德姆塞茨进一步运用团队生产理论解释了公司的组织结构特征。他们认为，在大部分情况下，如果许多厌恶风险的投资者认购一笔大投资中的很小份额时，资本成本会降低。为解决在大量股东分享利润情况中出现的偷懒问题，公司投入品之间的关系必须加以调整，一种可能的调整方式是确认公司的有限责任。有限责任能保护股东免于发生大损失。如果每个股东都参与决策，不仅会产生很高的行政成本，而且也会产生"搭便车"问题。把决策权交给一个小团体，由它和团队的其他投入品进行谈判并管理其他投入品，就可以实现对公司活动的有效控制。公司股东拥有调整管理阶层成员资格的权利和参与公司重大决策的权利。由此产生了自由出售公司股份的权利，这一权利为股东摆脱他不赞成的政策以及与他有不同意见的人（包括其他股东和管理阶层）提供了一个可行的途径。事实上，对经理偷懒行为的约束还依赖于来自其他经理团体的市场竞争和企业内部试图取代现管理阶层的其他成员的竞争。当然，投票权临时集中也会促进对经理偷懒行为的控制。

### 2. 奈特的企业家理论

应该说，奈特的企业家理论是最早关注企业内部结构的理论。但在关注企业内部结构的同时，奈特的理论也关注企业存在的原因，这是奈特理论的一个显著特征。从这个意义上说，奈特提供了一个较为完整的企业理论。

不确定性是奈特理论的核心范畴，就如同"交易费用"之于科斯的理论一样。奈特在其题为《风险、不确定性和利润》的经典著作中提出了自己的理论。奈特认为处理不确定性的各种形式都要求有组织，因为有两个事实表明保险原理无法在企业风险中广泛应用，也就是说，不确定性无法外部化，而只能在企业的框架内解决，即内部化。首先，企业的风险与企业家决策中所做出的主观判断有关，因而无法被分类并被测度；并且，道德风险与这类风险间存在着极难控制的联系，以至于"情况"不易于被客观描述和由外部控制。其次，虽然从相当长的期间看，这类判断的波动一般会相互抵消，因此一般也可能趋于稳定和可以测度，但是这种情况只在事后发生，并且，由于人生短暂，这种情况只能在有限情况下成为预测的基础。显然，在"风险合并"（即风险的承担）由外部机构如保险公司进行时，存在着的这些无法克服的困难，在"合并"可以在一个人的经营规模内进行时就会消失，即不确定性的内部化是可行的，因为此时不存在道德风险。同样，对于一个组织来说，如果责任能被恰当集中（即意味着承担风险），利益能够统一，情况也会如此。在奈特看来，企业是解决不确定性的一种特定的结构和方法。通过组合把不确定性转变为可测度的风险（由于不存在道德风险），从而减小不确定性的这种可能构成了企业扩张经营规模的动力。只要一个企业家能通过借入资本后以其他方式扩大他的决策范围或估计范围，错误猜测和正确猜测彼此抵消的可能性就更大。在总的结果上，就可能取得一定程度的稳定性和可靠性。这样，不确定性就得以消除，理性活动就得以进行。可见，奈特将不确定性的存在看作企业产生的重要前提。也正是从这个意义上讲，奈特的理论同时也是企业的创业理论。

奈特认为，在不确定性存在的情况下，做事情——实际进行活动——在现实意义上成了生活中的次要部分，主要的问题或职能是决定做什么和如何去做。决策过程也不再是机械作用的结果：计算不再是唯一需要考虑的问题。不确定性的存在使决策转化为对各类不同意见的选择评判，决策的基础是个人判断而非知识，决定做什么和如何去做的任务明显优先于执行任务，此时，生产团体的内部组织就不再是一件无所谓的事情或是一个机械细节了。这一决策和控制职能的集中是当务之急；头部集中（Cephalization）过程，如在有机体生命的进化中所发生的那样，是不可避免的，原因也和有机体进化的情况相同。在成功指导工作所需的知识和判断的类型与数量上，以及在适应日常经营的能力和偏好的类型上，不同工作（岗位）之间是有差别的。① 企业内人事的大规模的不断调整将使各个生产者所处的岗位能最有效地发挥他在这两项特征组合上的特殊优势。此时更重要的变化是生产团体本身的专业化趋势——找到最具有所需类型管理才能的人，让他们负责团队的运转，并使其他成员的活动服从他们的指导和控制。人们在有效控制他人的能力和决定应该做什么的智力上存在差异。另外，在对自己的判断和权力的自信程度上，以及根据个人主见进行活动、冒风险的倾向上，人类所表现出的多样性也在起作用。这一事实导致了组织形式上的最根本的变化：在这一机制下，自信和敢于冒风险的人通过保证多疑和胆小的人有一确定的收入以换取对实际结果的拥有而"承担风险"或对后者"保险"。在人事选择和职能专业化上，不确定性导致了四种趋势：①人在知识和判断类型基础上对职业的适应；②在远见力程度基础上的类似选择，即对职业的适应，因为不同的活动对这一禀赋的需求不同；③生产团体内部的专业化，有更好管理才能（包括远见力和统治他人的能力）的人被授予对团体的控制权，其他人则在他们的指挥下工作，即控制职能的集中；④对自己的判断有自信心和在行动中能"坚持这一判断"的人专业于承担风险，即责任职能的集中。② 控制职能与责任职能的不可分性使得趋势③和趋势④是一起起作用的。这一多方面的职能专业化的直接后果是雇佣关系的出现，企业家阶层和工资制度构成了雇佣关系的本质特征，它们的存在是不确定性的直接结果。在雇佣关系中，一方（即企业家）成为担保者并承担判断责任或决策后果，在此基础上他拥有了权威。③ 通过雇佣关系，企业家（资本提供者）得以被让渡剩余责任，因为作为控制权的运用，权威与权威必须给予的担保之间无法分离，而员工则承担了有限责任。从基本人性出发，奈特认为一个人保证另一个人的行动有一个确定结果却没有得到指导后者工作的权利的情形要么不可能出现，要么极为少见。另外，如果没有相应保证，后者也不会把自己置于前者指挥之下。

可见，根据奈特的理论，企业为实施涉及多个主体的项目提供了一个独特的方式：事先明确每个主体的任务及其对最终成果的贡献，在企业存在的情况

---

① 奈特. 风险、不确定性和利润 [M]. 王宇，等译. 北京：中国人民大学出版社，2015：146.

② 奈特. 风险、不确定性和利润 [M]. 王宇，等译. 北京：中国人民大学出版社，2015：238.

③ 在奈特看来，权威是建立在效率基础上的，是植根于人且需要某种形式的合法性的，即以自由契约为基础。这是奈特的"权威"与科斯的"权力"之不同。

下，收益分配不再由谈判和协议来完成，而是由企业家担保支付其他人固定收入，并取得剩余收益来实现。企业的本质是负责指挥经济生活的职能的专业化，它被忽视了的特征是责任和控制这两个职能的不可分性。在企业制度中，一个特殊的社会阶层——企业家——指导经济活动。理解奈特式的企业家角色意味着理解为什么需要存在权威，即在不确定性环境下明确责任的需要。奈特式的企业家需要担保联合努力的成果，并被赋予对个人责任和激励进行再分配的权威。①

奈特进一步对不确定性与企业组织形式间的关系做了深入的剖析。他认为，如果经济制度的确体现了完备知识的理想状态，那么组织的形式不值一提，但如果个人行为处于一个不可还原的不确定性环境下，而人们对这一环境缺乏相关知识，组织形式的选择（即企业内部结构形式的一种表现）就变得非常重要。由于在根据判断和估计进行的经营中，资本所冒风险最大，因此，组织形式是以与资本有关的条款为中心的。降低借入资本风险无疑是导致个人企业被合伙制取代的主要原因。降低自有资本和借入资本风险的需要引致了公司制对合伙制的取代。从这个意义上说，更高形式的组织相对于较低形式的组织的优越性在于经营范围的扩张和利益能够得到更有效的统一。这两个因素间的密切联系是明显的，二者互为因果。对于公司制而言，第一点即经营范围，公司制可以说已解决了组织问题，只要它能够让公众购买它的证券。但是，对于第二点即利益的有效统一而言，虽然相对于其他组织形式而言公司制做得更好，②但是仍有许多问题需要解决，即仍然无法彻底解决道德风险问题，除非人性发生革命性转变。不过，在奈特看来，此时即使没有组织，也会使所有的道德风险化为乌有。③

我们认为，如果企业理论的研究想要突破契约框架，并探索另一个"黑箱"，即"雇主—员工"关系中发生了什么，对奈特所做工作的再评价就显得相当重要。科斯此后的行为也证实了这一点，尽管早期他认为奈特的研究过于强调企业家的个人角色而非契约的非个人性质，但在后来的工作中他开始质疑自己的思考。在评价奈特对理论研究的影响后，科斯批评道："对厂商纯粹的契

---

① KNIGHT F. Risk, uncertainty and profit [M]. New York：Houghton Mifflin Co., 1957：145.

② 显然，奈特对所有与控制的分离持积极的态度，这与伯利和米恩斯的观点不同。

③ 钱德勒. 看得见的手 [M] //普特曼，等. 企业的经济性质. 孙经纬，译. 上海：上海财经大学出版社，2000：64-71.

约分析，通常关注的是厂商的委托职能，而组织合作（即雇佣关系）的一面则被忽视。"①

### 3. 西蒙关于雇佣关系的正式理论

科斯承认企业中权威（或指挥）的存在，并认为这是企业优势的源泉，因为权威可以节约交易成本。但他并未探讨权威为何而来，并应如何配置。由于权威只能产生在人与人之间，因此对权威的进一步研究必然涉及企业的雇佣关系，或企业的内部结构。

在《雇佣关系的正式理论》一文中，西蒙深入研究了雇佣关系的性质问题。他比较了销售契约（市场为基础）和雇佣契约（包含了权威），并就此提出了一个问题：合同所涉及的主体——员工最初按独立主体的准则行事，在自愿交换中提供服务（劳动），而在厂商做出雇佣决策之后，为何员工就承认了企业家的有意识权力，以致劳动力和其他生产要素没有什么两样了？换言之，劳动为什么居于从属地位？西蒙通过提出一个与科斯提出的类似问题来回答上面一个问题：在什么条件下，雇佣关系在理性上优越于销售契约，亦即企业在理性上优越于市场？此外，雇佣契约对权威有何限制，或者说员工的从属地位将达到何种程度？

西蒙认为管理过程的重要特性在于对包括劳动力在内的生产要素的实际管理过程。② 他的分析关注的是使劳动力交易由市场转入管理过程的条件，即雇佣契约优于市场契约（即销售契约）的条件。可见，科斯是从交易及其成本的角度来分析企业的产生，而西蒙则进一步从契约的性质来分析企业的内部结构。

雇佣契约包括的协议（即契约式的初步协议）涉及员工是否愿意接受雇主权威以换取工资。这不是通常意义上的销售契约。雇主能否就员工必须完成的各种行动、行为做出选择，实际上界定了雇主的权威大小。雇佣契约的订立取决于双方能否明确员工在一定环境下可接受的行为区间（而非具体的行为内容），在这一区间中，员工对其他人的决策内容并不关心，雇主支付工资并获得延缓确定合同条件的特权。这些契约式初始协议的内容是相对含糊的，在不确定的情况下，雇佣契约最重要的特性就是它"能有利地推迟决策……以便从随

---

① 科斯. 企业的性质：意义 [M] //威廉姆森，温特. 企业的经济性质. 姚海鑫，邢源源，译. 北京：商务印书馆，2010：59-75.

② 这一点正是科斯所忽视的。

后取得的信息中获益"[1]。

西蒙正式分析了管理过程与市场相比所具有的有利条件，并得到如下重要结论：雇佣契约反映了缔约双方的流动性偏好。随着雇主掌握更多信息，他能界定员工最合适的行动要求，而员工也发现与销售契约的刚性约束相比，雇佣契约的不完全约束对其行为是有利的，即雇佣契约对雇主和员工双方而言都是相对宽松和自由的。

雇佣契约，作为一种不完备的专用契约，有助于形成由"长期理性"支配的信任关系。这一关系的特征是，在管理过程中，双方必须就各自目标的折中方案进行谈判协商。这样，推迟对承诺的界定就存在一种共同利益。在"权变"的情境下，雇佣契约双方的"流动性偏好"被用于处理互惠行为间的相互依赖问题。

### 4. 张维迎的企业家—契约理论

在《企业的企业家—契约理论》一书中，张维迎对资本为何雇佣劳动进行了正式分析。在他所讨论的经济中，所有的经济活动被分为经营和生产两类，经营活动（Marketing）指的是那些如科斯提出的"发现相关价格"的活动，包括搜寻获利机会和预测市场需求以及奈特提出的"决定做什么以及如何去做"，也就是熊彼特所说的建立一种生产函数。生产活动就是在给定的生产函数之下，按照经营决策将投入转化为物质产品的所有活动。在这种经济中，个人被假定在以下三方面存在差异：经营能力（企业家能力）、个人资产以及风险态度。将上述经济活动的特征以及个人的差异结合起来，可将所有参与企业契约者分为经营者、生产者以及资本所有者。由于行使经营的权力称为决策权，经营者也叫决策者或管理者。[2]

因为个人在经营能力上存在差异，通过建立一个企业而相互合作对他们也许是件有利可图的事。根据奈特提到的不确定性和阿尔钦与德姆塞茨提出的团队生产理论，张维迎认为企业面临的第一个问题就是激励问题，从而导致了监督的必要。[3] 企业组织制度设计即所有权配置的一个重要功能就是在不同的参

---

[1]　SIMON H A. Administrative behavior [M]. New York：Macmillan Original Publication，1951：326.

[2]　张维迎. 企业的企业家—契约理论 [M]. 上海：上海三联书店，上海人民出版社，2004：4-5.

[3]　可见，在这个问题上，张维迎与阿尔钦和德姆塞茨的观点相同。

与人之间设计一种合约安排，以使每个成员各尽其职，从而防止偷懒行为的发生。张维迎试图证明，那些从事经营活动（即奈特意义上的决策活动）的成员应该被指定为委托人并有权索取剩余，以及监督其他成员。这不仅仅因为他是主要的风险制造者，更重要的是因为他的行动最难监督。那些从事生产活动的人则成为工人。企业面临的第二个问题是经营者的选择问题。张维迎试图证明，在自由选择成为企业家的竞争中，具备更高经营能力的资本提供者将会是赢家。简言之，他认为资本雇佣劳动是一种能保证只有合格的人才会被选择做企业家的机制。

因为企业的收益是由从事经营活动的成员的能力和行为决定的，因此张维迎认为企业面临的上面两个问题是同时发生作用的，而现代企业的组织结构就是对这两个问题的最好回答。简略地说，这两个问题是通过委托权（伴随着监督权的剩余索取权）的分配来解决的。剩余索取权是一项有权索取剩余（总收益减去合约报酬）的权利。由于在正常情况下合约报酬独立于总收益，剩余索取者不得不对所有成员的不确定后果承担风险或责任。反过来，他也就有了监督其他成员的权威。①

张维迎对企业内部委托权（包括剩余索取权和控制权）最佳分配的论证分三个步骤进行。第一步，证明从激励角度剩余索取权应该分配给经营成员。这不仅是因为经营成员在决定企业的剩余多寡方面有举足轻重之功，还因为与其他成员相比，他的行为最难监督，即所谓的不对称监督。因此，经营成员成为企业家，而生产性成员成为薪水工人，这就是所谓的企业家型企业。第二步，证明为什么充当企业家的优先权要让给资本所有者，或为什么企业家精神一般由资本所有者来提供，即证明企业家与资本所有者的一体化。因为在显示经营能力方面，富人的选择比穷人的选择更有信息量，因此其他人都理性地追随想成为企业家的富人而不是想成为企业家的穷人。上述论点为古典资本主义的一些制度特征提供一些依据：一个企业家同时又是一个资本所有者，而剩余则表现为资本的收益。这样，张维迎便通过对古典企业的委托权分配做出解释，从而在制度经济学上为资本雇佣劳动的合理性做出解释。第三步，张维迎建立了一个企业的企业家一般均衡模型。在其完成形态，企业的合约安排是，资本所有者是委托人，他将决策权委托给管理者（代理人），后者又转而雇佣工人

---

① 奈特. 风险、不确定性和利润 [M]. 王宇, 等译. 北京：中国人民大学出版社，2015：19.

（亚代理人），他们之间的关系演变为委托人设计一种激励机制（或监督机制）以诱导（或强迫）代理人为委托人的最佳利益而工作。在设计这样一个激励机制时，委托人面临的约束是，代理人不至于投靠另一个委托人或拂袖而去（即参与约束），并且从自己的利益出发做委托人希望他做的事，因为这是他的最佳选择（即激励相容约束）。该一般均衡模型被张维迎用来解释公司的所有权配置。

张维迎最后对股份公司的起源以及股东和管理者之间的合约关系做了进一步的说明：首先，由于人口中经营能力和个人资产的分布是不对称的，这就意味着在高能力低资本与低能力高资本的人之间存在着一个合作共赢的机会。结果，他们成为一种联体企业家：高能力者被称为管理者从事经营活动，而富人被称为持股者，有权索取剩余并负责挑选合格的管理者。因此，一个股份公司的特征是企业家身份的分割，而非所有权和控制权的分离。其次，股份公司内部能力与资本之间的合作（或决策权与剩余权的分离）伴随着一系列的代理关系问题。第一，由于观察的不充分和显示能力的成本，资本所有者在挑选管理者时不可避免地要犯错误。第二，经营活动的重要性以及对其监督的困难，使得在管理者一方就存在一个严重的激励问题。因此，管理者的收入必须与企业的效益紧密联系，而不应靠合约予以固定化。换言之，管理者应该分享部分剩余。第三，当资本所有者是企业的一个外部成员时，资本本身更容易遭受滥用的危害，因此，资本所有者有必要在资本的使用方面取得部分发言权。第四，当资本的需求量很大时，股东人数将会很多。这就在资本所有者一方引申出一个监督的激励问题，即"搭便车"问题。

由于张维迎的观点是我国经济学界乃至公司财务学界类似研究的权威性文献，因此对他的理论进行评价就显得格外重要。完整的评价将在后面进行，在此我们只指出其研究逻辑中存在的一个缺失：在分析公司的内部结构时，他显然忽视了技术进步和市场扩大等历史性因素对其形成和自然演进可能产生的影响。

## 3.1.3　现代企业理论基本逻辑的一个归纳

在综合上述文献回顾的基础上，以下尝试对现代企业理论的基本逻辑做出系统性归纳。

### 1. 交易成本：企业产生与扩张的基本动因

作为新制度经济学的创立者，科斯开创性的工作体现在《企业的性质》一文中。在这篇文章中，科斯首次运用交易成本分析范式探究了企业存在及其扩张的经济原因。科斯认为，一个专业化交换经济中分段成立企业能够有利可图的一个重要原因似乎是使用价格机制是有成本的，而企业的成立可以极大地节约甚至消除这些成本。因为在企业内部，某一生产要素不必和与他合作的其他要素订立一系列的合同。企业契约的根本特征在于：在某一报酬水平上，生产要素通过合同同意在某些限度内服从企业主的指挥，而各要素所提供的服务被表示为一般条款，其具体行动范围及细节留到以后解决。这种长期合同（即关系合同）能够有效避免短期合同的种种不利之处。科斯认为，当资源配置（在合同范围内）以这种方式进行时，所谓"企业"的这种关系可能就会出现。因此，企业是资源配置由企业主指导时所产生的关系体系构成的，允许其中一方拥有或至少在某些限度内拥有对交易条款的决定权可以减少交易成本。科斯认为，定义企业的正是这一权力：在企业中，交易根据老板所发布的指示或命令而发生，价格机制被取而代之。

科斯进一步对企业的边界做出了解释。他认为，企业的存在虽然可以节约交易成本，甚至还可以降低新古典经济学意义上的生产成本，但是，由于"管理收益递减"现象的存在，在企业内组织交易必然存在管理成本。科斯最终得出结论：企业将持续扩张，直到再在企业内组织一项交易的边际成本等于通过市场交换方式进行同一交易的边际成本，或在另一个企业内组织该交易的边际成本。

### 2. 资产专用性：交易成本形成的基本前提

威廉姆森对交易成本产生的基本诱因做了深入、广泛的分析，从而提出了资产专用性理论，发展了科斯最初提出的交易费用理论。威廉姆森认为，在经济主体进行了关系专用性投资的环境中，交易成本可能十分显著。在这种环境中，他们就被相互"套牢"。因此，这种关系一旦形成，外部市场将无法为双方的机会成本提供参照。当资产专用性低时，市场合同有规模经济和治理优势；当资产专用性很强时，内部组织便具有优势，此时市场不仅不能实现汇总经济优势，而且当资产高度专用时，由于存在相互套牢问题，市场治理有风险。因此，纵向一体化（即企业的出现及扩张）是当资产专用性很强时，对有限理性、机会主义和所使用资产的特征的综合反映。在威廉姆森看来，把资产由市场转移到企业内部以实现纵向一体化，可以缓和机会主义行为，降低交易成本，从而提高投资激励。也就是说，随着资产专用性的上升，市场交易成本相应放大，从而存在一种从市场向层级结构转变的趋势，即此时企业制度与市场制度相比更具有比较优势或比较利益。

综合而言，交易成本经济学用于解释企业产生的基本逻辑是：资产专用性导致了较高的机会主义倾向，较高的机会主义倾向引致了较高的市场交易费用，最终较高的市场交易费用导致了企业的产生与扩张。没有资产专用性，连续生产阶段间的自主性合同（即市场合同）具有很好的节约生产成本和治理成本的特征。但是，随着资产专用性的增强，天平向有利于组织的方向倾斜。

威廉姆森通过将有限理性与 Bartlett 现象结合起来说明企业在治理成本上的比较劣势，从而对企业边界受限的原因做了进一步解释。随着企业规模增加和组织中连续层次的增加，控制权（即一体化）损失效应最终将超过收益，对企业扩张的限制就是以这种方式出现的。可见，科斯与威廉姆森关于企业扩张理论的根本点是一致的，只不过他们在解释企业治理成本时运用了不同的理论。

### 3. 产权：企业内部结构形成的基本依据

在威廉姆森看来，把资产由市场转移到企业内（即一体化）缓和了机会主义行为，提高了投资激励，但是他并没有明确指出作为减少机会主义行为并最终降低交易费用的机制，即企业内"权力（或权威）"产生的内在逻辑。事实上，科斯和威廉姆森并未太多地关注企业内部结构的形成，甚至可以说在他们关于企业产生及扩张的研究中，企业的内部结构被看作既定的、外生的。通过将企业看作"产权集"，并引入"不完全合同"概念，哈特的产权理论对上述问题进行了深入分析。哈特提供的文献在很大程度上遵循了科斯和威廉姆森交易成本经济学的研究传统，但是与后者不同的是，哈特把注意力放在了产权（即实物资产的财产权）在合同关系中的作用上。

通过提出"不完全合同"这一重要概念，哈特首先对企业的所有权结构做了分析。他的研究表明，一项资产法律意义上的所有权与对该资产经济意义上的剩余控制权的拥有附着在一起，法律意义上的所有者有权以与初始合同、惯例或法律不相违背的方式在经济意义上使用资产。通过将企业看作一个"产权集"，哈特把企业定义为属于它的所有非人力资产。由于人力资产与其持有者具有不可分性，这个"产权集"不包括人力资产。显然，哈特在分析企业的所有权结构时，运用的是财产权的法律逻辑。

对资产（或企业）拥有剩余控制权与对雇员拥有权威是两回事，但互相关联。因为，剩余控制权的客体是作为"产权集"的企业，体现的是作为资产的所有者与包括雇员在内的任何非特定主体间的权利与义务关系，而雇佣关系体现的是雇主与雇员这一特定主体之间的权利义务关系。哈特运用这一产权方法解释了对实物资产的购买是如何导致对人力资产的控制的，亦即解释了企业的所有权结构是如何导致企业内部雇佣关系的形成的。哈特的这一结论可以非正式地表述如下：如果某人控制了工人所使用的资产而不是相反，那么这位工人会更重视此人的目标，即这位工人将会自愿地接受该项资产所有者的权威。因为工人这样做符合他本人的利益，并且会使他在以后和资产所有者的关系中获得比较强的谈判地位。

考虑到大股份公司中存在的所有权与控制权分离的现象，哈特进一步研究了现代企业的内部结构。他认为一个股份公司仍可以被视为一个资产集合，资产的所有者提供了对这些资产的控制权。不过现在的情况更复杂。虽然所有者（股东）仍然拥有剩余控制权（如撤换董事会以及对重大决策事项的审批权力等），但是实际上，至少在日常管理中，他们把许多其他权力（即合约或特定控制权）以契约的方式委托给了管理阶层。哈特的这一观点得到了其他学者的支持。比如，在法玛和詹森看来，决策控制权就是投资者对企业管理者的管理决策权进行限制和约束的权力，其功能是减少投资风险。显然，法玛和詹森所提到的管理控制权与哈特的剩余控制权的性质是相同的。而由于管理决策权是企业管理阶层所掌握的决策权，因此该权力相当于哈特所说的由所有者委托给管理者的合约控制权。

以对企业的所有权关系和雇佣关系的认识为基础，哈特对减少机会主义行为并最终降低交易费用的机制做了解释：一体化通过集聚产权，有效地发挥私人产权的社会功能，从而降低机会主义倾向，提高投资激励，降低交易费用。因此，在哈特看来，私人产权在企业制度中的延伸是规避机会主义风险的重要机制。

## 3.2  公司财务控制权配置的理论研究

本书将以上述理论为基础，同时结合历史分析方法，提出一个关于企业内部结构的新理论，从而为公司财务控制权配置的理论研究提供指引。本书的基本观点是，试图运用同一个数理框架解释古典企业和现代企业的内部结构是不符合历史逻辑的。公司所有权结构的特殊性必须建立在古典企业所有权结构的基础上运用历史分析的方法予以剖析，从而在古典企业的内部结构理论的基础上建立公司内部结构理论。公司内部结构理论的特殊性在于代理问题，即管理的专业化导致的职业经理层的出现对其内部结构产生的影响。下文关于公司财务控制权配置的研究正是依循这一思路展开。

## 3.2.1　公司所有权配置的研究

### 1. 现有企业内部结构理论的概括及评论

前文已对各主要的企业内部结构理论做了一个全面的、系统的回顾，本节将对其中的主要理论做出简要概括，并予以必要评述，从而为下文将要提出的一个新的企业内部结构理论提供支持。相关理论的概括和评述将按照上文对各理论回顾的顺序进行。

（1）阿尔钦和德姆塞茨的团队生产理论。

阿尔钦和德姆塞茨的团队生产理论是针对古典企业的，根据前面对该理论的回顾，我们将其基本逻辑概括如图 3-4 所示：

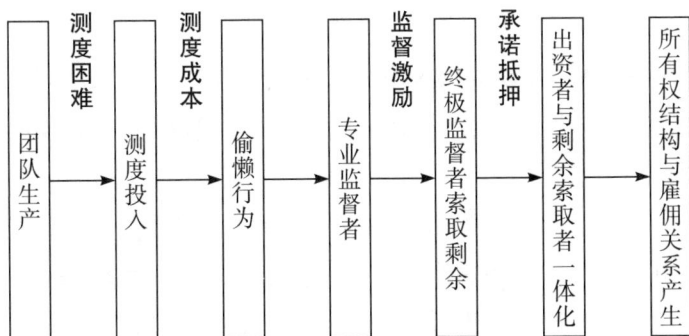

**测度困难** → 测度投入 **测度成本** → 偷懒行为 → 专业监督者 **监督激励** → 终极监督者索取剩余 **承诺抵押** → 出资者与剩余索取者一体化 → 所有权结构与雇佣关系产生

（团队生产 →）

**图 3-4　阿尔钦和德姆塞茨理论的基本逻辑**

对阿尔钦和德姆塞茨的理论，我们提出如下几点不同意见：

第一，在实际组建企业（科斯已证明市场交易费用的存在使得组建企业有利可图）的时候，各当事人首先面临的问题不是计量或测度问题。这一点是该理论最根本的逻辑缺失。在他们看来，测度产出或测度投入是基于利益分配的考虑，在团队生产中这似乎是事实，也符合我们的直觉，但若经过详细分析会发现这一理由并不充分。首先，由于不确定性的存在，任何一个理性的参与人都将能预计到团队产出可能为负数，且平均而言，出现这一情形的概率将达到50%。在这种情形下，与通过测度产出或投入从而确定各参与人的利益份额相比，他们显然更关注自身承担风险的能力以及究竟应该由谁对该不确定性承担全部或大部分责任的问题，并为此在组建企业的过程中讨价还价。如果我们假设在该团队生产中只有两个人：实物资源的提供者和人力资源的提供者，则这一解释的合理性是显而易见的。其次，在团队生产或企业中，业绩测度行为的确存在，但它并不是决定各参与人从该团队中所获取的收益的最重要因素。根据标准的微观经济学我们可以得知，团队生产中劳动力提供者的所得从根本上是由劳动力市场所决定的，且工会对劳动力市场的作用机制发挥着重要的作用。因此，测度或计量问题不能构成组建企业时各参与人所面临的一个基础性的问题，从而不能作为构建企业内部结构理论的逻辑起点。

第二，在本理论中，"监督"一词的含义过于宽泛，使得该理论有失严谨而不够精确。他们认为监督包括以下行为：测度产出、分配收入、观察投入品的投入行为并测定或估计它们的边际生产率，以及对做什么和如何做的安排或指示，还有单方面终止或修改合同的权力。因此，"监督"一词至少包括测度或计量、指挥或权威。但该概念显然未经过充分论证并被很好地定义。

第三，他们没有讨论监督者为什么同时又是测度者。从上面逻辑结构图以及他们对"监督"一词的宽泛定义中可以看出，测度者同时又是监督者是该理论成立的重要前提。但是他们并未研究二者一体化的理由，使得该逻辑链条发生断裂。

第四，他们认为将剩余索取权分配给监督者的理由是强化其监督动机，但我们无从得知这一强化行为是监督者的内在需求还是在外力介入下导致的结果。鉴于他们将剩余索取权首先定义为一项义务，我们可以合理地推断这一结果显然是在外力介入下实现的；也就是说，在团队生产的所有当事人之外，存在着一个超然独立的、理性的第三方，在它的介入下，团队生产中的权利和义务的分配达到均衡。但我们实在无法找到这个第三方的任何踪影，并且我们认为，作为一个私人契约，团队生产中的权利和义务的最终均衡应该在各参与人之间的相互博弈中实现。当然，即使我们承认剩余索取权的这种配置是监督者的内在要求，但我们又未看到被监督者在这一配置过程中所承担的应有角色。阿尔钦和德姆塞茨的理论显然未能充分地揭示这一点。

第五，他们将向团队生产组织出资认为是讨价还价的结果，而不是讨价还价的基础，虽然在理论上讲得通，却不符合企业形成的历史逻辑。组建企业必然同时要求具备实物资源和人力资源，这是任何一个当事人都清楚的。如果我们假设古典企业中只有两个当事人，则在组建企业时，其中至少有一方具有足够的剩余财富并有将该剩余财富投入团队生产中的打算。因此，向团队生产出资并不是讨价还价的结果，而是其前提。

（2）奈特的企业家理论。

奈特的企业家理论是同时用来解释古典企业和现代企业的内部结构的。该理论的逻辑结构如图 3-5 所示：

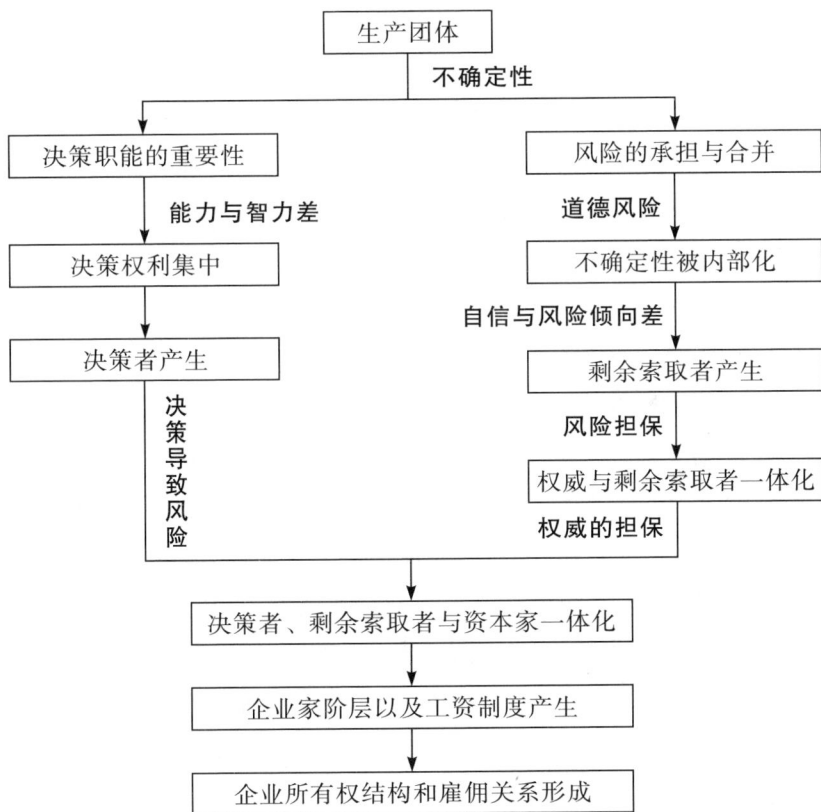

图 3-5　奈特理论的基本逻辑

通过上面的逻辑结构图可以看出，奈特的理论比阿尔钦和德姆塞茨的理论在解释企业内部结构方面更有力、更具根本性。不过仍然存在以下逻辑缺失：

第一，奈特试图通过一个框架来同时说明古典企业和现代企业的内部结构，这既不符合企业内部结构变迁的历史逻辑，也导致了其理论在基本逻辑上的不一致。比如，奈特认为决策权的配置依据是控制他人的能力和决定做什么的智力的不同，这一观点若用于解释公司制企业中决策者或职业经理的产生是有效的，但若用于解释古典企业中决策者的产生，则显然是不符合历史事实的。正如下文所谈到的，古典企业中决策权配置的依据是财产的所有权，该所有权主体可能有较高的智力和能力，也可能没有，但这并不妨碍他参与企业契约的订立。不过，智力和能力的高低将影响到该企业成立后的营利能力和存续时间。再比如，为了使该理论也可适用于现代企业内部结构的解释，奈特提出如下观点：公司制企业最重要的决策即是对能做出决策的人的选择，而其他任何一种决策或意见的实施自然归结为日常功能，因此，在一个公司制企业中，至高无上的企业家理应是股东而非管理者。根据上面的逻辑结构图，奈特认为成为一个决策者的基本前提是具有较高的智力和能力，由于企业家必然是决策者，因此这就意味着奈特认为股东（即出资者）必然具有较高的智力和能力，但这显然与事实不符。要修正这一缺陷，就必须按照历史的逻辑就古典企业和现代企业分别研究其内部结构的形成过程，并且将后者置于前者的基础之上。

第二，奈特的企业在组建之初并不要求有事先的实物资源，实物资源是在作为权威的担保之后出现的，是讨价还价的结果。而我们认为，企业在组建之时便是实物资源所有者与人力资源拥有者（假设没有足够的剩余财富）之间的博弈。因为存在无法接受的风险，纯粹依靠借款创办企业是不可行的，两个都没有足够剩余财富的人是不可能在一起讨论组建企业的，即使组建企业有利可图。也就是说，其中一方拥有足够财富是组建企业的基本要件。因此，实物资源的存在是当事人讨价还价的基础。在这样的前提下，只要该主体试图寻求劳动合作者，则事实上已表明该主体具备足够的智力（自认为）、自信以及较低的风险倾向，因为理性的他能够清楚地预测到他的财富将成为应对企业未来不确定性的基础（或抵押），同时人力资源具有不可分离性。因此，财富约束是第一位的，而足够的智力（自认为）、自信以及较低的风险倾向是第二位的，是从财富中派生出来的。在古典企业中，脱离财富空谈智力、自信以及风险倾向是没有意义的。

第三，未能对所有权结构与雇佣关系之间的内在关联做出进一步的解释。根据奈特的理论，指挥是指指导他人工作的权力，是对人的权力，而决策是指决定做什么和如何去做的权力，是对资源（指实物资源）进行配置的权力，是对物的权力。在古典企业中，决策权就是剩余控制权，而在现代企业中，决策权便演变为被职业经理掌握的合约控制权。权威表现的是雇主对雇员的权力优势，它包括奈特的"指挥"和阿尔钦与德姆塞茨的"监督"。

（3）张维迎的企业家—契约理论。

张维迎用于解释古典企业内部结构理论的逻辑结构如图 3-6 所示：

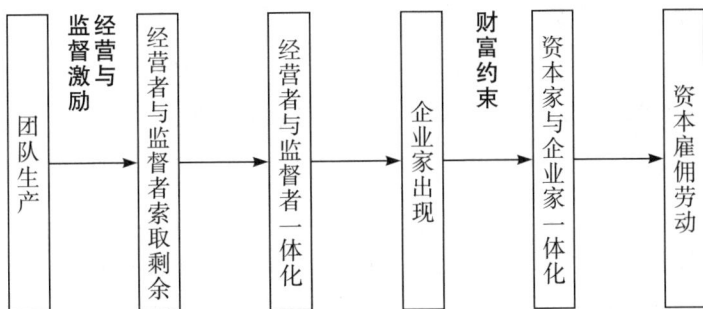

图 3-6　张维迎理论的逻辑结构

可见，张维迎是在阿尔钦和德姆塞茨以及奈特理论的基础上形成自己的理论逻辑，是在对前者的理论逻辑进行必要修正并予以正式化后形成自己的理论。但详加分析，该理论逻辑仍存在如下问题：

第一，正是由于张维迎是在阿尔钦和德姆塞茨以及奈特理论的基础上形成自己的理论逻辑，因此他的逻辑中保留了前已述及的奈特式及阿尔钦和德姆塞茨式的缺陷（尤其是后者），在此不再赘述。

第二，张维迎认为经营者（相当于阿尔钦和德姆塞茨理论的监督者）索取剩余的依据首先是监督的不对称，其次是对团队做出更大的贡献。前者显然是阿尔钦和德姆塞茨的观点，而后者则是张维迎自己的观点，但该观点却有待商榷。根据该观点，张维迎将索取剩余首先看作一项权利，这与阿尔钦和德姆塞茨的认知正好相反。正如张维迎所言："经营活动的重要性意味着，与其他任何成员相比，经营成员积极性的损失带来的成本更大，因此为了前者（经营成员）牺牲后者（其他成员）是值得的。"这是对剩余索取权在所有权配置过程中首先体现出的性质的误读，他认为经营成员对剩余索取权的接纳是根据其在企业产出中较大的贡献而主动索求的。经营活动相对于生产活动的重要性显而易见，并且也为奈特所确认。但该重要性对利益分配的影响将体现在企业组建后雇主和雇员之间不断进行的利益博弈之中，而不是在企业组建的过程中。

第三，张维迎的企业家一般均衡模型虽然能够描述现代企业内委托权的合约安排的完成形态，但是完全脱离了现代企业是在古典企业基础上不断演进而来的这一历史逻辑，因而在论证这一合约安排的合理性和必然性上不太具有说服力。

最后，需要说明的是，虽然上述理论所采取的逻辑各有不同，但其最终结论却是一致的：资本提供者对劳动拥有权威。我们也认同这一观点，不过下文我们将通过一个思想实验提出我们自己的观点从而验证这一结论。

**2. 一个思想实验：古典企业内部结构理论的新观点**

企业内部结构包括两类关系：企业所有权关系和雇佣关系。企业所有权关系的客体是物，即作为产权集而非契约联结点的企业，该关系体现的是所有者与不特定人（当然包括雇员）之间的关系，表现为所有者相对于所有的不特定人而对作为"产权集"的企业的独占性支配或控制权。根据本书第2章的讨论，我们已从法律的角度将企业所有权的权能定义为管理权、收益权和处分权。不过，为了便于经济学分析，从经济的角度我们通常将企业所有权定义为剩余控制权和剩余索取权。企业所有权权能的法律定义和经济定义是密切联系、一脉相承的。剩余索取权与收益权对应，在古典企业，剩余控制权则与管理权和处分权对应。根据本书第2章的分析可知，所有权最本质的属性就是独占性的支配权，因此，我们认为剩余控制权比剩余索取权更能反映企业所有权的本质。正因为如此，现代企业的剩余索取权可能被部分地、有条件地分享，而剩余控制权却从未被分享过。我们这一从法律视角得出的观点与哈特利用产权理论得出的观点是一致的。将企业所有权从经济学的角度定义为剩余控制权和剩余索取权共同组合是企业所有权区别于一般资产所有权的特征。由于一般性资产不具有营利性，因此，其所有权通常仅体现为剩余控制权。该权利运用的目的也是获得一定的效用或经济利益，如个人的房屋出租，但这些效用与利益和剩余索取权无关。这是我们对哈特关于企业所有权的观点做出的补充。

雇佣关系是雇主和特定的主体即雇员之间的关系，表现为雇主对雇员拥有权威。作为企业内部结构的共同构成元素，企业所有权关系（或结构）与雇佣关系之间有着重要的联系。雇佣关系是企业所有权关系的必然产物——这正构成企业所有权与普通财产所有权间的又一重要区别。但雇佣关系本身具有独立性，并不是企业所有权本身的组成部分。理解雇佣关系必须从理解所有权关系入手，公司中的雇佣关系与古典企业中的雇佣关系的不同主要体现在包含于公司雇佣关系中的代理关系。这里所说的代理关系仅指公司所有者与职业经理间的代理关系，该代理关系是从所有权关系，即所有与管理的分离中派生的。至于不同层级经理间及其与工人间的代理关系则是管理层级结构本身的产物，因而不能体现公司所有权结构和雇佣关系的本质特征。对公司中存在的代理关系的分析是理解现代企业内部结构特殊性的关键所在。

在进入具体分析之前，我们有必要对有关概念的内涵及其之间的关系做出界定。这些概念有：权威、指挥、监督、决策权和剩余控制权。其中，权威、指挥、决策这三个概念源自奈特的理论，监督来源于德姆塞茨的理论，而剩余控制权则来源于哈特的理论。在奈特看来，权威体现的是雇主和雇员之间的雇佣关系，是企业家为担保联合努力的成果（即索取剩余）而被赋予对个人责任和激励进行再分配的权利。因而，权威是建立在效率基础上的，权威总是植根于人且需要某种形式的合法性，即以自由契约为基础。这正是权威与权力（科斯）的根本不同。指挥体现的则是指导他人工作的权利，同权威一样，也是对人的权利。关于权威和指挥这两个概念之间的关系，奈特未做进一步阐述。决策权是指决定做什么和如何去做的权利，显然是对资源（指实物资源）进行配置的权利，其权利的客体是作为一个整体资源的、物化的企业，该权利对抗的是不特定多数人。根据哈特的逻辑，剩余控制权是决定资产用途上的未被合同明确规定的那些遗漏方面的权力。一项资产的所有权与对该资产的剩余控制权的拥有附着在一起，所有者有权以与初始合同、惯例或法律不相违背的方式使用资产。可见，剩余控制权的客体是作为一个"产权集"的企业，且剩余控制权对抗的也是不特定多数人，这两点正是剩余控制权和决策权相同的地方。建立在本书已有研究的基础上，我们认为，在古典企业中，决策权就是由企业所有权中的管理权能以及处分权能派生而来的。由于剩余控制权是管理权能以及处分权能在经济意义上的表现，因此，在古典企业中，决策权实质上就是剩余控制权。而在现代企业中，由于所有与管理（或控制）的分离，法律意义上的管理权能实质上为职业经理所掌握，但由于所有权固有的弹力性，此时企业所有权并未消失或转移，企业权益资本的提供者仍然享有公司所有权，虽然此时法律意义上的权能只有收益权和处分权，但经济学意义上的剩余控制权并未随着管理权能的转移而从公司所有者的手中消失。不过，此时的剩余控制权产生的依据不仅只是处分权，更重要的是渊源于公司所有权的固有属性，即独占性控制权或支配权。我们将此时被转移给职业经理层的管理权能从经济学的角度称为合约控制权，以与剩余控制权相对应。该合约控制权仍可以理解为决策权，但该决策权却受到剩余控制权的约束。因此，现代企业职业经理所掌握的合约控制权（即决策权）的权利内涵显然小于古典企业的决策权的权利内涵。据此我们可以认为，所有与控制的分离（伯利和米恩斯）、所有与管理的分离（钱德勒）同所有与决策的分离这三种表述方式是内在地一致的。不过，后两种表述更能体现现代企业的所有权结构特征，至于第一种说法则更强烈地显示出伯利和米恩斯对现代企业所有权结构的变迁可能会损害私人产权的社会功能的隐忧。

根据德姆塞茨的观点，监督是一个含义宽泛的概念，它包括以下行为：测度产出、分配收入、观察投入品的投入行为以及测定或估计它们的边际生产率，以及对做什么和如何做的安排或指示，还有单方面终止或修改合同的权利。可见，德姆塞茨的监督同时包括测度、指挥甚至权威的某些内涵。鉴于最初德姆塞茨否定企业内存在权威，他对监督的广义解释就不难理解了。但后来德姆塞茨修正了自己的观点，承认权威是企业的本质特征，因此，我们便应该对"监督"一词做狭义的、更为严谨的解释，以便为我们后面的研究提供一个重要的概念基础。在我们看来，监督应该仅仅涉及德姆塞茨所谈到的测度投入的行为，因为监督的目的是有效率地减少偷懒行为，因此，被监督的客体自然只能是人力资源，而不包括实物资源。

基于上面的分析，我们可以得出如下结论性的评述：权威包括指挥和监督，它们体现的都是雇主对雇员这个特定的主体的权力，其中，指挥体现的是雇主依据决策的结果对人力资源进行相应组织的权威，而监督则体现为对雇员在实现资源配置方案过程中的行为进行测度从而为激励提供依据的权威。在古典企业中，决策权实质上就是剩余控制权；而在现代企业，决策权演变为合约控制权，股东仍然掌握剩余控制权，从而对职业经理的决策权的运用提供有效的约束。决策权和剩余控制权对于古典企业和现代企业有着不同的意义，这是解读公司所有权结构和雇佣关系的一把钥匙。

建立在上面有关概念内涵界定的基础上，通过将现代企业理论的多种研究方法融为一体（这正是哈特所希望的），并结合钱德勒的历史分析方法，我们试图建立一个更完整、更现实的企业内部结构理论，从而为现代企业理论添砖加瓦，并为公司财务控制权理论提供依据。我们的分析分两个阶段：古典企业和现代企业。对古典企业的分析，我们将沿着企业理论的整体逻辑，即从企业的创业理论到企业的内部结构理论，通过一个思想实验予以展开。

在前文，我们已将企业理论划分为企业的创业理论和企业的内部结构理论两个有机组成部分。企业的创业理论试图解释的是企业作为一个生产的组织形式为何存在并如何扩张。科斯等新制度经济学家对这一问题的解释是在观念上（而非现实意义上）先验地假定企业作为一个内部存在权威的生产组织的存在，然后通过研究市场与企业在组织交易过程中的比较优势来进行的。其结论是：由于价格机制（或市场）运行成本的存在，成立企业成为一件有利可图的事，但组织成本的存在限制了企业规模的无限度扩张。企业的内部结构理论研究的是企业内部的两类主要关系：所有权关系（或结构）和雇佣关系。如果说企业的创业理论是在质疑新古典经济学关于市场能无成本地运行以及正常的经济秩序是在自行（即无意识）运转假设的基础上产生的，那么，我们可以认为企业的内部结构理论是在对企业的创业理论关于生产组织内的权威是先验地存在的假设进行质疑的基础上被提出来的。科斯的企业创业理论使我们首次深入被新古典经济学视为"黑箱"的企业，那么，企业的内部结构理论则进一步让我们关注到企业内部的另一个"黑箱"：所有权关系（结构）和雇佣关系。企业的创业理论和企业的内部结构理论的不断发展使得我们对企业存在的意义和企业内部的微观结构有了一个前所未有的清晰认识。因此，可以认为企业的内部结构理论是企业的创业理论的逻辑延伸，对企业内部结构的解读必须建立在企业的创业理论的基础上，或者说是建立在企业存在的合理性的基础上。下面关于古典企业内部结构理论的思想实验便是建立在这一学术逻辑之上的，同时考虑了历史逻辑。

科斯已经证明，交易费用的存在使得成立企业成为一件有利可图的事。沿着这一逻辑，我们便可以开始一个展现古典企业内部结构如何形成的思想实验。由于一个明显的事实，即企业，或内部存在权威的生产团队无一例外地是由实物资源和人力资源①构成的，以及完全利用借款来成立企业的风险是无法被接受的，那么在基于经济人假设的利益最大化动机的驱使下，具有剩余财富的实物资本（或财务资本）所有者必将试图寻找人力资源，从而成立一个企业，以

---

① 根据奈特的观点，该资源包括决策能力和生产能力。

便获取比较利益。在此，为便于分析，我们合理地假定人力资源拥有者不具备足够的剩余财富。① 为进一步简化分析，我们假定上述合作仅存在于两个人之间，即一个实物资源所有者和一个人力资源拥有者。为成立一个企业从而获取比较利益的相关博弈必将在他们二者间展开。

现在让我们来看一下走到一起的实物资源所有者和人力资源拥有者在签订契约前首先面临的问题是什么，或者说他们首先为什么讨价还价。由于奈特所说的不确定性广泛存在，作为一个营利性的生产组织，平均而言，未来将要成立的企业出现盈利和亏损的可能性将各占 50%。实物资源所有者和人力资源拥有者对这一显而易见的预期的反应可能并不相同。由于已假定人力资源拥有者没有足够的剩余财富，因此，假定人力资源拥有者属于高风险规避型是合理的。当然，即使他是低风险规避型，他也不具备承担任何风险的能力。因此，人力资源拥有者一般不愿意，即使愿意也没有能力面对不确定性。而作为实物资源的所有者，由于其拥有剩余财富，并在确切地知道未来的企业必然会面临不确定性的情况下仍主动寻求成立企业，因此，我们可以合理地假定他属于低风险规避型，或至少属于风险中立型，当然也可能属于高风险规避型。这个博弈过程只有一个均衡结构：未来企业面临的不确定性只能由低风险规避型或风险中立型的实物资源所有者承担。人力资源拥有者要么不愿意面对不确定性，要么虽然他主观上愿意冒险，但不被实物资源所有者接受，因为人力资源拥有者无法提供任何风险抵押，这便使得他的承诺不可信。至于高风险规避型的实物资源所有者，他将无法找到与他合作成立企业的搭档，即使对方是低风险规避型的。

这样一来，风险合并或担保便成为实物资源所有者和人力资源拥有者在签订契约前首先面临的问题。博弈的结果是由实物资源所有者对人力资源拥有者提供风险担保，他所提供的实物资源便成为该担保的抵押。如果将上述叙述予以正式化，我们可以得出如下结论，即未来企业利益分配的基本原则只能是：人力资源拥有者（即工人）享有固定索取权，而实物资源提供者（即资本提供者）只能索取剩余，或分享剩余索取权。由此可见，剩余索取权首先是一项义务，其次才是一项权利。我们的这一观点与德姆塞茨是一致的，不过我们得出

---

① 实际上即使放松这一假设，我们的最终结论仍然成立，因为具有剩余财富的人力资源拥有者可以选择成为资本家或工人，不过这要取决于他对自己的能力、智力的自我评价以及他对风险的态度。

这一观点的逻辑与他有所不同。德姆塞茨认为将剩余索取权赋予监督者是出于激励的考虑，而我们认为剩余索取权与实物资源联系在一起是博弈的均衡结果。从而，我们得出了古典企业剩余索取权配置的一般原则。

现在我们来看奈特所说的决策权（在古典企业中，就是剩余控制权）是如何配置的。决策权显然只能由人力资源拥有者提供。请注意，实物资源所有者本身同时也是人力资源拥有者。理论上讲，纯粹的人力资源拥有者和实物资源所有者都可能提供决策资源。但基于以下原因，这一关键性的人力资源只能由实物资源所有者提供。首先，从经济学的角度看，对决策权的掌握是主动应对风险或不确定性的重要武器，根据奈特所谓的责任和控制不可分离的原则，剩余索取者即资本提供者必将寻求掌握决策权。但是，奈特所说的"能力"和"智力"的不足是否可能导致资本提供者主动或被迫放弃对决策权的拥有呢？这显然是不可能的。在我们看来，对于古典企业而言，是否拥有足够的能力和智力乃是本人主观评价的结果。实物资源所有者对自己是否拥有足够的能力和智力的评价只有两种可能：有或没有。如果认为没有，则签订企业契约的讨价还价的过程便将终止，即未来的企业将无法成立，因为奈特的责任与控制不相分离的原则使得若将决策权配置给纯粹的人力资源拥有者（姑且假定他主观上和客观上都被认为具备足够的能力和智力）将是资本提供者所不接受的（古典企业所处的历史背景和产业背景使之尚不具备管理专业化的条件）。如果认为有，决策权即剩余控制权当然就被资本提供者拥有，而这一结果对于纯粹人力资源提供者而言也是可接受的，因为这将是他的风险被资本提供者担保所必须付出的"对价"。其次，运用哈特的观点我们可以为资本提供者掌握决策权提供产权（即法律）上的依据。根据哈特的观点，对资产的剩余控制权是与资产的所有权附着在一起的。因此，作为最终构成未来企业实体的实物资源的所有者，从法律上他理所当然对该资产集拥有剩余控制权（在古典企业中，就是决策权）。或者可以这样说，从法律或产权的角度看，剩余控制权的配置是不存在讨价还价的余地的。如果我们试图对所有权能直接提供决策权或剩余控制权的理由进行经济学意义上的分析，那么我们可以从产权经济学中直接找到答案，对该问题的研究正好是产权经济学的核心。当然，如果放弃法律或产权假设，从纯经济学的角度看，剩余控制权最终还是将配置给资本提供者，这与法律视角的配置是一致的。这二者之间的一致当然不是巧合，而是由市场经济（或法制经济）的内在逻辑决定的。也正是这二者之间的一致，使得古典企业作为一种生产组织形式产生并存续下来，并最终演变为现代企业。因此，我们可以说，正是私人产权（即个人所有权）在法律上的确立，才使得成立企业这一件有利可图的事变得可能。

至此，我们得出了剩余控制权的配置原则，即同剩余索取权一样，剩余控制权也应由资本提供者掌握。鉴于我们将企业所有权定义为剩余控制权和剩余索取权的组合，现在我们实际上已对古典企业的所有权结构（或关系）的形成过程提供了一个令人信服的新观点。下面我们将试图通过古典企业的所有权结构推导出其雇佣关系的形成。

资本提供者对作为一个"产权集"的企业的拥有与他作为雇主从而对工人拥有权威并非同一个问题，但彼此之间相互关联，或者说是一个问题的两个方面。这一点是许多经济学家所忽视的。资本提供者获取人力资源提供的服务有两种方式：销售合同方式和雇佣合同方式。前者是以市场为基础的，属于古典合同，合同双方的权利和义务是完全对等的；后者属于关系合同，是以权威的存在为特征的，双方的权利和义务是不对等的。我们现在要证明的是：欲获取成立企业所带来的比较收益，资本提供者和工人只能通过雇佣合同来确立他们之间在企业活动中的相互关系，从而资本提供者成为雇主，而作为人力资源拥有者的工人则成为雇员。

上面我们已经证明作为一个"产权集"的企业的所有者是资本提供者，从而无论是从经济学角度还是法律角度看，资本提供者对该产权集拥有决策权或剩余控制权。对该产权集的具体运用方式所具有的决策权是所有权存在的最重要的前提。同时我们必须看到，由于团队生产的基本特征是实物资源与人力资源的不可分性，即团队的产出是资本与劳动合作的综合产物，因此，为了保证资本提供者决策权的真正实现，就必须赋予资本提供者对于参与到团队生产中的人力资源即工人的权威。前已述及，权威体现的是特定的人与人之间的关系，它包括指挥和监督。指挥体现的是为实施资本提供者的决策方案而对人力资源参与团队价值创造活动的有意识的组织，而监督则是对在价值创造过程中工人的投入行为的测度。可见，权威与决策权是互补的。资本提供者要真正拥有并实现决策权，就必然要求其对参与团队生产的人力资源享有权威。在团队生产中，没有权威的决策权不是真正意义上的决策权。如果我们进一步从剩余索取权的角度看，权威的赋予从根本上是资本提供者对工人所进行的风险担保的必然要求。前文我们曾说过，工人放弃对决策权即剩余控制权的拥有是他的风险被资本提供者担保所必须付出的"对价"，那么，现在我们也可以换一个说法，即工人承认资本提供者的权威是他的风险被资本提供者担保所必须（且自愿）付出的"对价"。所以，综合而言，雇佣关系的存在（即资本提供者对工人的权威）是企业所有权关系的必然产物，是所有权关系在资本提供者和工人之间关系的进一步延伸。这正是企业所有权和一般财产所有权的不同。在我们看来，企业所有权关系和雇佣关系是曾被新古典经济学视为"黑箱"的企业的内部关系的两个侧面。欲对企业的内部结构做出剖析，则必须同时研究这两类相互联系的关系。

哈特利用产权理论解释了对实物资产的购买是如何导致对人力资产的控制的。他的这一结论可以非正式地表述为：如果某人是一位工人的老板，也就是说，如果此人控制了该工人所使用的资产而不是相反，那么这位工人会更重视此人的目标，因为这样做将符合他本人的利益，即这样做会使他在以后和老板的关系中获得比较强的谈判地位。换句话说，雇员对雇主比杂货商对客户的要求反应更灵敏的原因可能是雇主对雇员要比客户对杂货商有更大的影响力。特别是，雇主可以收回雇员所使用的资产而雇佣别人来使用它们；客户却只能取消对杂货商的消费，而只要该客户很小，对杂货商来说，再找一位客户可能并不十分困难。

通过上面的思想试验，我们对古典企业的内部结构形成了可辩驳的论点。下面我们将在钱德勒以历史逻辑为依据的卓越见解的基础上，对现代企业的内部结构做出进一步解释。首先还是让我们回顾一下钱德勒对现代企业制度和经理阶层（或层级结构）产生和演进的历史（即所有与管理相分离的历史）所做的经典的、权威的解读。

### 3. 代理问题的引入：现代企业内部结构理论的新观点

（1）钱德勒关于现代企业"所有与管理分离"的重要论述。

钱德勒首先对现代企业的含义做了界定，并对其产生和变迁的历史做了简要的描述。他认为，现代工商业有两个特点：它包含许多独立的营业单位，①由一个层级结构式（即从上到下存在监督与被监督的关系）的支薪经理团体管理。这些单位的活动和它们之间的交易因而被内部化了，它们是由一个层级结构式的中、高层支薪经理而非市场机制监督和协调的。这些中、高层经理形成

---

① 从理论上说，这些独立的营业单位可以作为独立的企业运转。

了一个全新的企业家阶层，即职业化的企业家；而此前，企业家同时又是资本提供者。① 因而，由一组支薪的中、高层经理所管理的多单位企业可以被恰当地称为现代企业。直到 1840 年，美国还没有出现中层经理人员，也就是说，还没有出现监督其他经理工作的经理，即层级结构尚未形成。当时，几乎所有的高层经理都是企业的所有者，或者他们所管理企业的合伙人，或者是其主要股东。这一时期，企业家身份尚未职业化。到第一次世界大战时，现代企业已在美国经济的许多部门中成为主要的企业制度。到 20 世纪中期，这些企业雇佣了数百甚至数千名中、高层经理来监督数以百计的雇佣了成千上万工人的工作单位。

然后，钱德勒通过提出并论证了八个论点，从而运用历史分析方法翔实有力地分析了现代企业制度和经理阶层的产生和演进。鉴于本书分析的目的，我们仅回顾其中的六个主要论点：②

第一，当管理协调功能比市场机制的协调（即市场协调）带来更大的生产力、更低的成本和更高的利润时，现代多单位的工商企业就取代了传统小企业。此种企业通过建立或收购在理论上可以作为独立企业进行经营的单位而产生和持续发展。此种内部化即纵向一体化给扩大了的企业带来了许多优势。首先是交易成本的降低，因为单位间的交易常规化了；其次是信息成本降低，因为生产单位和采购及分配单位的管理联结在一起；再次是生产成本降低，因为劳动生产率提高了；最后是协调带来的节约，因为稳定的现金流使付款更为迅速。可见，钱德勒关于企业扩张动因的解释与新制度主义经济学家尤其是科斯的解释总体上是一致的。

第二，将许多经营单位的活动内部化于一个企业内所具有的比较优势，要等到建立起管理层级制后才能实现。此种优势只有当集中一群经理人员执行先前由价格和市场机制执行的功能时才能实现。现代企业内的生产和分配单位是由中层经理人员监督和协调的。高层经理除了评价和协调中层经理人员的工作外，在为未来的生产和分配进行资源配置方面也取代了市场。为了执行这些职能，经理人员不得不发明新的管理方法和程序。管理层级结构的存在是现代工

---

① 因而张维迎关于联体企业家的观点以及奈特将股东视为企业家的观点都是值得商榷的。

② 德姆塞茨. 所有权结构和企业理论 [M]//普特曼，等. 企业的经济性质. 孙经纬，译. 上海：上海财经大学出版社，2000：447-458.

商企业的一个显著特征。如果没有，多单位组织只不过是一些自主营业单位的联盟而已。他们可以稍微降低信息和交易成本，但无法降低生产成本。同时无法提供管理协调功能，而该功能是现代企业的核心功能。可见，层级结构的出现及其所体现出来的日益专业化的趋向是由最小化交易成本所驱动的，或者说是与企业价值最大化相一致的。这一观点与德姆塞茨的观点一致。

第三，当经济活动规模使管理协调比市场协调更有效率和更有利可图时，现代工商企业才首次在历史上出现。经济活动规模的增加是与新技术（供给）和市场（需求）的扩大同时到来的。现代工商企业是对 19 世纪下半叶美国新技术革新的迅猛步伐和不断增长的消费需求的制度反映。

第四，管理层级一旦形成并有效地实现了它的管理协调功能后，层级制本身就变成了权力和持续成长的源泉。现代企业开始有了它自己的生命。

第五，指导这些层级结构的支薪经理变得越来越技术化、专业化和职业化。

第六，随着多单位工商企业在规模和经营多样化方面的发展，经理变得越来越职业化，企业的管理者开始和它的所有者相分离。

从历史的角度看，美国企业的组织形式（即资本主义的企业形式）经历了以下几个发展阶段。

阶段一：个人企业，即传统资本主义制度。在这一阶段，管理者即老板，甚至在合伙企业开始公司化时，其股权还是为少数个人或家族所掌握，这些公司依然是单一单位企业，极少雇佣三个以上的经理。因此，传统的资本主义公司可以被恰当地称为个人企业。

阶段二：企业主式或家族式企业，即企业主式或家族式资本主义制度。这一阶段的企业已属于现代企业，企业的创始者及其最亲密的合伙人和家族一直掌有大部分股权，与经理人员有着紧密的个人关系，特别是在融资政策、资源配置和高级经理的选拔等有关决策上，他们依然有很大的发言权。

阶段三：金融资本主义制度。当企业的创立和发展需要大量外部资金时，所有和管理间的关系就有所不同。提供资金的金融机构通常在企业的董事会上派有兼职董事。在这种企业中，支薪经理必须和银行及其他金融机构派出代表共同做出最高管理决策，尤其是在大笔资金的筹集和运用方面。这种企业控制的经济或部门被称为金融资本主义。

阶段四：经理式企业，即经理资本主义制度。在许多现代工商业里，银行家和家族都不拥有控制权，所有权变得极为分散。股东并不具备参与高层管理的影响力、知识、经验和义务。支薪经理既管理短期经营活动，也决定长远政策，高、中、低三个管理层次都由他们控制。这种被经理所控制的企业可以称为经理式企业，这种企业占支配地位的经济体系则可称为经理资本主义。

随着家族和金融家控制的企业在规模和存在时间上的增长，它们变成了经理式企业。除非所有者或金融机构的代表成了该企业的专职经理，否则他们不具备在最高决策中起支配作用所需要的信息、时间和经验。作为董事会成员，他们拥有否决权。他们可以否决，可以用其他职业经理取代现有高层经理，但他们很少能提出其他积极方案。到最后，在董事会兼职的所有者与金融家看待企业的方式通常与一般股东没有什么两样，公司只是其收入来源，而不是由他们负责管理的一个企业。不可避免的是，他们把日常的经营管理和未来的计划工作交由职业管理人员负责。现代工商企业的兴起使所有和管理之间的关系有了新的内涵，从而为美国经济带来了一种新型的资本主义。

由此可见，钱德勒之所以运用历史分析方法研究现代企业的产生、职业经理阶层的出现以及所有与管理的分离，其最终的目的是解剖管理层级这只"有形的手"和市场这只"无形的手"之间的关系，从而试图展现出美国经济结构的宏观特征演变的轨迹，即在经济体系运转的过程中，管理这只"有形的手"正发挥着越来越大的作用。但本书关注的问题却与钱德勒不同，本书的意图是在钱德勒对所有与管理分离的历史轨迹所进行研究的基础上，探寻所有与管理分离对市场经济的主体——企业的微观结构产生的影响。与古典企业一样，我们的分析将从所有权结构和雇佣关系两个方面着手。

（2）所有与管理的分离对现代企业所有权结构的影响。

在此，我们最关心的是所有与管理的分离是否事实上改变了，或理应改变公司的所有权结构。在本书的第2章，我们已经从法律（物权法）的角度论证了股东作为公司所有者的合法性，现在我们将进一步从经济学和法律的角度深入地论证股东作为公司所有者的合理性。在前文，我们是通过剩余控制权和剩余索取权来定义企业所有权的，这一观点已被国内重要经济学者接受。值得强调的是，产权理论把拥有对资产的剩余控制权意义上的所有权与对企业利润流索取权意义上的所有权区分开来。实际上这些权利常常附着在一起，但也不一定总是如此。不过，我们认为，剩余控制权和剩余索取权共同构成完整的企业所有权，但剩余控制权更能体现企业所有权的实质。

据此，可以将我们最关心的问题重新表述为：所有与管理的分离是否改变了公司剩余控制权和公司剩余索取权的配置原则。在现代企业，股东（即权益资金提供者）仍然是企业不确定性的担保者，股东仍然只能索取公司的剩余收益，只是与古典企业不同，此时的股东不仅对工人的未来收益提供担保，也同时为职业经理阶层提供担保。因为根据钱德勒的观点，现代企业的重要特征之一是其由一个层级结构式的支薪经理团体管理，可见，经理团体从企业产出中获取回报的形式仍然是工资制度。当然，这可能是固定工资制，更可能是浮动工资制，且随着激励机制的引入，经理的工资制度与工人的工资制度将会有很大的不同，这是由经理提供的决策服务的性质所决定的。但这两种工资制度有一点是共同的，即都是通过规定股东只能索取剩余从而得到保证的。因此，剩余索取权仍然被配置给了股东，所有与管理的分离并未改变这一基本原则。

当然，随着职业支薪经理阶层的产生，企业所有权中所包含的管理权能却实实在在被经理阶层掌握。根据本书第 2 章的有关论述，所有权具有弹力性，所有者的意志导致的所有权部分权能与所有权的母体相分离并不意味着所有权的消灭，而恰恰是所有者充分运用所有权的一种表现。因此，从法律上说，所有与管理的分离并未导致作为一个"资产集合"的公司的所有者的变迁。哈特便坚持这一观点，他认为："一个股份公司仍可以被视为一个资产集合，所有权提供了对这些资产的控制权。不过现在的情况更复杂，虽然所有者（股东）一般拥有某些控制权——如撤换董事会的权利——但是实际上，至少在日常管理中，他们把许多其他权利交给了管理阶层。"如前文所述，此时被转移给职业经理层的管理权能在经济学上被称为合约控制权，与股东所掌握的剩余控制权相对应。该合约控制权仍可以理解为决策权，但该决策权却受到剩余控制权的终极约束，从而，公司的决策权比古典企业的决策权的内涵更小。因此，从法律的角度看，所有与管理的分离也未改变公司剩余控制权的配置原则。

现在，我们从经济学的角度对所有与管理分离并未改变股东的所有者地位这一观点做更深入的论证。我们认为，所有与管理（或所有与控制）是企业价值最大化（即股东价值最大化）目标引导的结果，它不但没有像伯利和米恩斯所担心的那样，即所有与控制的分离损害了私人产权的社会功能，反而进一步放大了私人产权的社会功能。对此，阿尔钦和德姆塞茨做了深入的论证。他们的研究是通过质疑伯利和米恩斯的"所有与控制分离"的命题开始的。他们论证了公司分散的所有权结构是寻求利润最大化过程的内在结果。因此，从更广泛的视野考察所有权的最佳结构问题，会使伯利和米恩斯的担心变得毫无意义。

我们认为，阿尔钦和德姆塞茨的分析是建立在一个全新的观念基础之上的，即应动态地理解企业价值最大化。

阿尔钦和德姆塞茨认为，在可能影响所有权结构的一般因素中，最重要的是企业价值最大化所需的规模。价值最大化规模是指能够使企业在产品市场和投入要素市场上成功地开展竞争所需要的规模。如果企业情况不变，则有竞争性活力的企业规模越大，企业的资本来源就会越大，相应地，因为此时提供资源的主体会越多，企业的资本成本就会越低，其所有权的某一部分的市场价值也就越高。随着企业市场价值越来越高，其本身就应该能够降低所有权的集中程度，从而吸引更多的投资者。但同时，随着企业规模越大，比较小的股份比例就可以控制较大的企业。这可以称为企业规模对所有权风险的中立效应（The Risk-Neutral Effect）。

对于风险的厌恶会强化风险中立的效果，从而使得所有权结构趋于分散。如果需要集中较大的资本额，又企图保持有效的、集中的所有权结构，就要求一小群所有者向一家企业投入更多的财富。正常的厌恶风险心理意味着，他们只有在能够以较低的、具有补偿风险作用的价格的情况下，才会购买更多的股份。由此使资本成本提高，这对大企业的所有者来说是一种阻力，使其无法实现维持高度集中的所有权的企图。

随着企业价值最大化的扩大，因企业规模扩大而产生的风险中立和厌恶风险的效果，最终将大大超过因投机取巧造成的成本，这种成本应该是随着所有权结构的更加分散而产生的，因此在企业规模与所有权集中之间就会存在一种反向的关系。与较小企业相比，规模较大且所有权更加分散的企业，其综合成本实际上更低。因此，所有者选择的那种分散的所有权结构，是与股东财富（或效用）最大化行为相一致的。

假设公司由所有者共同管理，则所有权的分散对股东最明显的弊病在于会导致所有者们产生更大的投机取巧的动机。所有者投机取巧而获得的利益，在于他由此腾出时间和精力进行其他工作或满足其他嗜好，这对他来讲完全是利益的增加。而投机取巧的成本，比如会导致企业经营不善，则要由全体股东按各自所持股份比例来分担，此即所谓的所有权分散导致的外部性。所有权越集中，则同一批所有者在获得利益及分担成本上的程度就越高。如果企业只有一个所有者，则上述所有利弊就都要由他一个人来承担。在这种情况下，就不可能有什么"外部性问题"干扰他在行使所有权方面的决策。而在所有权高度分散的情况下，多数所有者要分担的成本与其收益之间的脱节程度要比一般情况下大得多。可以预期，这些所有者将做出相应的反应，即放弃所有权的某些职能，也就是说将管理职能从所有权中分离出来并交给职业经理人。这种外部性所含的无效率本身将破坏分散的所有权结构，从而损害私人产权的社会功能。我们会看到，在一个"合乎理性"的世界中，除非还有抵消这些弊病的各种利益可得，否则各种分散的所有权结构根本就没有容身之地。这些好处的存在使得可以说正是价值最大化的目标，在引导着所有权结构的变化，使之变得更加分散。关于所有权结构的理论，主要就建立在对于是什么原因造成了这些利益的理解之上。①

（3）所有与管理的分离对现代企业雇佣关系的影响。

所有与管理的分离使得现代企业的雇佣关系比古典企业更加复杂，具体表现为公司所有者（即股东）与高层支薪经理间的代理问题，该代理关系构成了公司雇佣关系的重要组成部分。要理解公司的雇佣关系，就必须对代理关系进行解读。我们认为，代理关系的存在是由公司所有权结构所发生的变动，即管理权能与所有权本体的分离而引致的。既然我们已经论证所有权结构所发生的变化是在股东价值最大化引导下的结果，则可以认为由此所导致的代理关系也应该符合股东价值最大化的原则。以代理关系必然导致代理成本或监督成本为由否定代理关系存在的积极性是没有根据的。最早表示这一担忧的是伯利和米恩斯，这一担忧体现在他们所提出的"所有与控制分离"这一命题中。但是阿尔钦和德姆塞茨、詹森和麦克林对这一问题做了深入研究，他们认为，从更广泛的视野考察所有权的最佳结构问题，将使得伯利和米恩斯的担心变得毫无意义。

德姆塞茨论证了在职消费以及监督成本的存在并未从根本上违背价值最大化目标。他认为有两个企业概念：一个是经济理论中的概念，一个是与之相反的、现代公司的真正概念。这两个概念之间的矛盾使得伯利和米恩斯把社会无效率归咎于现代公司。经济理论所指的追求利润最大化的企业，就是流行于 19世纪、实行公司制以前的真正企业。而公司制企业则是由与企业营利行为利害关系不大的经营者所控制的单位。把经济理论中的企业与现实世界的同名物混为一谈是错误的。新古典经济学的重要使命是理解价格机制与资源使用如何协

---

① 德姆塞茨. 所有权结构和企业理论 [M] // 普特曼, 等. 企业的经济性质. 孙经纬，译. 上海：上海财经大学出版社，2000：447-458.

调，而不是理解真正的企业内部是如何运作的。资源有两大用途：消费与生产。
价格理论的任务之一就是解释价格如何影响这每一用途。为此价格理论假定，
居民专于消费，企业专于生产。借助这个定义可以把上述问题大大简化。但这
种定义扭曲了真正的家庭和真正的企业的某些特点。因为该理论并不想了解消
费与生产实际上在哪里发生，它只关心诸如税收变化等外部因素将如何影响这
些行为，以及价格机制如何决定消费和生产的产品的数量与结构。要想了解为
什么经济理论的结论即使对于真正的、既消费（在职消费）又生产的企业也保
持着效力，让我们考虑一下由所有者经营的、既是生产者又是消费者的企业。
因为企业的经营者所消费的资源要打入其生产成本之中，所以只有当这种消费
能够降低为他人生产的产品的成本时，它才可能进行这种消费。企业的产品要
面对市场竞争，这一条就防止了所有者兼经营者把这种成本加到产品价格中，
让消费者替自己支付这种追求舒适所花费的成本（或替自己买单）。从企业追
求利润最大化的假定中，我们可以很容易地推出另一个假定，即企业会使为他
人生产的产品的成本最小化，即使允许企业为职工提供舒适的工作条件，这一
点也不会改变。随之而来就产生了以下的主张或所谓的经验性观察：对于真正
的企业来说，工作中发生的消费行为，既不会否定其生产中利润最大化的目标，
也不会影响效率。能够提供更多舒适工作条件的企业，也就是那些能以更低成
本生产这些舒适条件的企业。因此，为雇员工作性消费所生产的产品，以及为企
业以外的消费者所生产的产品，其生产的机会成本都将被压到尽可能低的程度。①

德姆塞茨认为，究竟是因为企业所有者或雇员的个人嗜好，还是因为监督
成本的存在才产生了工作性消费，都与企业利润最大化或效率水平无关。企业
行为的分工形成了两组权利：一是股东所有权，如果我们愿意，还可以称之为
公司所有权；二是经营者控制的权利。这两种权利显然提高了投资者与经营者
的效用水平。与禁止分割所有权相比，社会能够以更低的成本实现资金投资以
及经营控制。随着现代公司、有组织的交换以及公司法的问世（包括公司治
理），因为所有权与经营权任务的不同导致的个人利益分化所造成的成本得以
降低。②

---

① 德姆塞茨. 所有权结构和企业理论［M］//普特曼，等. 企业的经济性质. 孙经纬，
译. 上海：上海财经大学出版社，2000：447-458.
② 德姆塞茨. 所有权结构和企业理论［M］//普特曼，等. 企业的经济性质. 孙经纬，
译. 上海：上海财经大学出版社，2000：447-458.

德姆塞茨正确地指出，对分散的所有权结构的结果进行评价，重要的是要像对待其他成本那样对待监督成本。所有权的结构如何，是竞争性选择的内在结果，要比较各种成本的利弊，才能使企业组织结构达到均衡状态。但是不能简单地断言：所有权一旦分散，利润就不能最大化，企业的价值也不能最大化，换言之，资源就不能得到有效配置。即使所有者亲自控制企业，也不能撇开组织结构均衡的其他方面，孤立地判断工作性消费的得失。

詹森运用正式模型分析了代理成本与企业价值间的关系。他认为，只有和一个以零成本使代理人服从委托人的意愿的假想世界相比，上面所描述的由经理的在职消费导致的企业价值的下降才是"非最优"或无效率的。但这些成本（即代理成本）是代理关系无法避免的结果。另外，由于它们完全由负责建立这种关系的决策者（在我们探讨的情况中是初始所有者）承担，因此，他有动机使它们最小化，因为他获得了这些成本的下降带来的全部好处；而且只有当所有者经理从代理关系的建立中获得的收益足以超过代理成本时，这些代理成本才会发生。①

总之，公司的所有与控制相分离将会引致代理成本，但因为代理成本非零就断言代理关系是非最优的、浪费的或无效的，或断言利润最大化不再是公司的目标，就如同把一个铁矿是一件资源成本极高的稀缺物品的世界与一个铁矿可以以零成本免费获得的世界相比，而断言前一种世界是"非最优的"一样。这一错误的分析方式被德姆塞茨称作"Nirvana fallacy"，科斯对该谬论也做了批判。②

换句话说，如果我们能够确定有另一个可行的制度安排集，它能通过降低这些成本而产生净收益，我们就可以断言，由公司制引致的代理关系不是最优的。但是如果这样做，我们就必须从历史演化的角度解释为什么这些制度安排没有取代公司这一现代企业的组织形式。

### 4. 小结

至此，本书对现代企业的内部结构（包括所有权结构和雇佣关系）做了翔实的分析，从而论证了如下观点：公司的剩余控制权和剩余索取权应对称配置

---

① JENSEN M, MECKLING W. Theory of the firm: managerial behavior, agency costs and ownership structure [J]. The journal of financial economics, 1976 (3): 305-360.

② WEITZMAN M. Profit sharing and productivity [M] //BLINDER A. Paying for productivity. Washington, D. C.: The Brookings Institution, 1978: 95-114.

给公司的实物资本的提供者——股东，即公司所有权应为股东所拥有，但公司的合约控制权即管理权则为职业的支薪经理阶层所掌握，所有与管理的分离是公司所有权结构区别于古典企业的重要特征。公司雇佣关系的重要特征是由所有与管理相分离所导致的公司所有者与管理者之间的代理关系，而且正是公司所有权结构的变迁导致了代理关系的出现，它们二者都是在企业价值最大化的引导下产生并演进的。

### 3.2.2　公司财务控制权配置的研究

#### 1. 公司财务控制权配置的原则

公司财务控制权配置理论包括两个层面的内容：公司剩余财务控制权的配置以及公司合约财务控制权的界定。所谓公司合约财务控制权的界定，是指对公司管理层所掌握的财务决策权利的具体内容的确定或限定。由于这是一个经验性的命题，因此，对这一问题的论述将在本书的第 4 章展开。下面主要研究公司剩余财务控制权的配置。

在本书第 2 章，通过将严格的法律逻辑与经济学分析方法结合起来，我们已确立并定义了"公司财务控制权"这一范畴，并得出如下重要结论：作为公司控制权内核的公司财务控制权最终体现了公司所有权的本质；由于现代企业中所有与管理的分离，公司财务控制权被分解为公司合约财务控制权和公司剩余财务控制权，前者为公司管理者所掌握，构成公司财务管理的依据，后者为公司所有者拥有，构成公司财务治理的基础；公司剩余财务控制权体现了公司财务控制权的所有权（或产权）属性，是公司剩余控制权的核心要素。因此，本书认为，公司财务控制权配置的首要问题是公司剩余财务控制权的配置，而公司剩余财务控制权的配置又取决于公司所有权的配置原则。根据前文所得出的结论，即公司剩余控制权和公司剩余索取权应对称配置给资本提供者（即股东），可以推断：从产权意义上说，公司剩余财务控制权也应配置给股东，即公司剩余财务控制权的主体应该是股东，而不是公司的其他利益相关者。

为了进一步深化公司财务控制权配置理论，并为后续研究提供一个合适的基础，下面将对本书所提出的公司财务控制权理论与现有的财务控制理论和财权理论做出深入的比较研究。

**2. 财务控制权理论与财务控制理论的比较研究**

要对公司财务控制权和财务控制这一对范畴进行比较研究，就不得不涉及这一领域的一篇重要文章：汤谷良发表于《会计研究》2000 年第 3 期上的《财务控制新论：兼论现代企业财务控制的再造》。在这篇文章中，汤谷良将财务控制和企业财务控制看作同一个范畴。他认为"传统的和现行的财务控制是指财务人员（部分）通过财务法规、财务制度、财务定额、财务计划目标等对资金运动（或日常财务活动、现金流转）进行指导、组织、监督和约束，确保财务计划（目标）实现的管理活动。这是财务管理的重要环节或基本职能，与财务预测、财务决策、财务分析与评价一起作为财务管理的系统或全部职能"。他同时认为随着法人地位的确立，应该在委托代理理论的指导下重新确立财务控制的内涵。由此，财务控制的基本内涵包括：企业财务控制的主体首先是董事会，一个健全的企业财务控制体系实际上就是完善的法人治理结构的体现；财务控制的目标是企业财务价值最大化；财务控制的客体首先是人，其次才是企业的财务资源或现金流转；财务控制的实现方式应该是一系列激励措施与约束手段的统一。关于财务控制与财务管理的关系，他认为"财务控制在财务管理体系中居于核心地位"。而对于财务控制的具体方式，他认为包括董事会制度、授权书控制、预算管理、财务结算中心、财务总监委派制以及业绩评价体系的建立。最后，在财务控制这一概念所赋予的新的含义基础上，他进一步提出了"财务控制权"概念，并将其定义为"在现代公司中，直接（或间接）地拥有一个企业半数以上（或数额较大）的具有表决权的股份，藉此来决定公司的董事人选进而决定公司的财务方针，并在公司中拥有控制财务决策和盈余分配等方面的权利"。因此，他认为"财务控制权是公司控制权的灵魂"。①

本书尝试在对汤谷良的观点进行评述的基础上来提出我们自己的观点。汤谷良这篇文章（以下简称"汤文"）对财务控制理论的贡献是显而易见的。这主要体现在汤文从公司治理的高度运用委托代理等较新的经济学理论对财务控制的内涵进行重新界定。更为重要的是，汤谷良提出的财务控制权概念更是提升了财务控制的理论高度。他的这些观点与我们之前所做的研究不谋而合。但是，汤文的有些观点也存在值得商榷之处。

汤文在概念上未严格区分"财务控制"与"企业财务控制"。这一模糊处

---

① 汤谷良. 财务控制新论：兼论现代企业财务控制的再造［J］. 会计研究，2000（3）：7-11.

理方式导致他的理论中存在着诸多严重的逻辑冲突，这些逻辑冲突的主要特点是混淆了财务管理和财务治理的研究领域。比如虽然是从公司治理的角度来看待财务控制，但他仍然认为"财务控制在财务管理体系中居于核心地位"。再比如，在罗列财务控制的具体方式时，他将治理机制与管理机制相提并论：董事会制度和财务总监委派制显然属于治理机制，而预算管理和授权书控制则属于公司内部的管理机制。最后，他在将财务控制视为财务管理的核心要素的情况下，却同时完全在公司治理的意义上对"财务控制权"这一概念进行定义，从而导致了财务控制与财务控制权这两个概念之间存在着明显的逻辑冲突。上面所有冲突可能源自他对我国财务管理学科体系构建的独特思考。汤谷良曾提出："中国的财务管理学科不能照搬西方模式。"在汤文中，作者进一步提出："企业财务学主要属于管理学的范畴，它以制度管理为主要特征。"由此可以清楚地看出汤谷良对于构建有中国特色的企业财务学科的独特见解，并且不难理解他为什么将公司治理意义上的企业财务控制也纳入企业财务学范畴。不过，汤谷良关于企业财务学科建设的独特观点并未被公司财务学界所普遍接受，我们当然也不完全赞同他的观点。对于学科建设，我们的观点是：公司财务学或财务管理学作为一门已相当成熟的学科，在中国经济日益融入世界经济以及国内资本市场日趋完善的背景下，试图完全否定现有的框架而另起炉灶是不现实的，也是不符合学术发展与演进规律的；传统（或标准）的公司财务主要解决技术性的财务决策问题，至于制度性的财务治理问题，我们可以通过创立诸如公司财务治理理论甚至公司制度财务学等学科予以专门研究。事实上，这一研究思路已渐渐为国内公司财务学界所接受。至于财务控制与财务控制权这两个范畴之间的区别，本书的观点是：财务控制属于财务管理的基本职能或基本环节之一（汤文也认同这一提法），属于财务管理学或公司财务学的研究范围；而财务控制权属于公司所有权结构的核心要素，属于公司财务治理以及公司制度财务学的研究范围。

**3. 财务控制权理论与财权理论的比较研究：对财权理论的一个评价**

鉴于伍中信提出的财权理论俨然已成为国内公司财务治理领域的重要基础理论，与本书所提出的财务控制权理论存在着明显的竞争性关系，有必要对"财权"概念的规范性和财权理论的科学性予以重新审视和评价。

（1）财权理论的提出及其主要观点。

作为公司财务学的一个专业术语，财权这一概念是伍中信博士在《财权流：

现代财务本质的恰当表述》以及《现代财务理论与产权理论的相关性研究》等
文章（以下简称"伍文"）中提出并阐发的。不过，在此之前，作为日常经济
生活中的一个常用语，"财权"以及"财力"这一财权概念所赖以确立的更为
基础的范畴，早已为大家（当然不仅限于专家学者）耳熟能详。事实上人们对
它们的内涵已有了习惯性的认识。当然，首先将财权与产权联系起来讨论并将
其纳入财务本质论范畴的却是伍中信博士，这是不存异议的。为了对财权这一
概念的科学性做出评价，首先让我们将伍中信关于财权的主要观点引述如下。①

在上面两篇文章中，伍中信首先阐明了提出财权概念的基本逻辑及其学术
意义：

本文试从现代产权理论入手，从与"产权"相近的"财权"角度，对现代
财务的本质作一初浅的探索。

接着他对财权的内涵做了解释：

"财权"概念是一个与"产权"相似的经济学范畴，它表现为某一主体对
财力所拥有的支配权，包括收益权、投资权、筹资权、财务预决策权等权能。
这一支配权显然起源于原始产权主体，与原始产权主体的权能相依附、相伴随。
随着产权的分离，财权的部分权能也随着原始产权主体与法人产权主体的分离
而让渡和分离，这样原始产权主体在拥有剩余索取权的同时，也拥有收益权这
一财权（当然是产权的权能）；法人产权主体在拥有占有权、使用权、处置权
等产权权能的同时，也拥有了与此相联系的收益权、投资权等财权（当然也是
产权权能）。这样对独资企业而言，由于产权没有分离，企业在拥有完整的产权
的同时，也拥有全部的财权。对于产权分离的现代公司而言，财权随着产权的
分解而分解，公司只拥有部分的财权。在严格的法人治理结构下，法人产权主
体所拥有的产权权能具有独立性，公司的财权在其拥有的范围内也具有高度的
独立性。公司是否拥有独立自主的法人财产权与公司是否能独立理财在涵义上
是协同的。由此，理想的财权在独资企业是独立的，在公司制企业也应是独立
的。同产权一样，财权同样应具有可分性、可明晰性和独立性等特征，否则便

---

① 伍中信. 财权流：现代财务本质的恰当表述 [J]. 财政研究, 1998 (2)：32-34；伍
中信. 现代财务理论与产权理论的相关性研究 [J]. 时代财会, 1999 (12)：21-24.

成了与模糊产权关系相伴随的模糊的财权关系，或称模糊的财务关系。

最后，他对财权与产权之间的关系做了进一步的解读：

作为财产权的产权，它从两个方面对财产，即实物形态的财产和价值形态的财产实施管理，如占有权、使用权、处置权等基本上是对实物形态的财产实施的产权管理。我国目前国有资产管理体系所实施的职能基本上处于这种状态。而财权则侧重于对财力的配置，即从价值形态上对资金（本金）进行配置或支配。也就是说，在财权归于产权的内容中，主管价值形态的权能，并构成法人财产权的核心内容，如收益权以及收益分配权、筹资决策权、投资决策权、资金使用权、成本费用开支权、定价权等。在这里，收益权是产权权能的核心，其他权能如占有、支配、处置的目的都是为了取得收益；没有资金的支配权，就谈不上物资的采购权；企业不能享有工资费用分配权，就很难实际享有劳动用工权；企业投资决策权不到位，企业就无力对投资者承担资产保值增值责任；获得了投资决策权，企业才完整地获得对法人财产的自主支配权。

由于财务管理与产权管理在职能、目标等方面的区别，财产权有着自己区别于产权的其他内容，如财务预测、财务分析的权能等。当然，产权也有许多与财权不完全相干的独立权能，如前面所说的资产使用权等。

上述文字基本上代表了伍文对于财权理论的基本观点，下面将从多个方面对财权理论的科学性做出评价。

（2）对财权理论研究范式的概括与评价。

鉴于财权理论的核心观点主要是由伍中信博士提出，本书将伍中信博士围绕财权理论提供的一系列文献简称为财权理论研究领域的"现有文献"。综观现有文献，可以概括出一个关于财权理论研究的基本范式，即以新制度经济学的产权理论为基础，结合相关法学理论，从而构建财权理论。

新制度经济学的产权理论作为财权理论的主要渊源应无异议，因为现有文献宣称财权理论是"建立在雄厚的经济学基础之上"的。至于法律理论缘何也构成主流理论的研究基础则有必要做出进一步的解释。需要指出的是，现代产权理论研究与法律分析有着天然的联系，而且财产理论的倡导者也承认西方产权经济学是"法和经济学的充分融合"的产物。也就是说，现有文献是认可作为财权理论渊源的产权理论中是包含有法学理论元素的。与此同时，现有文献在对财权的权能（或内容）进行界定时显然遵循了某些法律传统，包括中国的法律传统。更为基本的是，作为形成"财权"概念的基础范畴，"产权"以及"法人财产权"首先就是一个法律概念。其中，产权也就是财产权，是源自英美法系的一个重要法律概念；而法人财产权，则是我国改革进程中一个重大的法律概念创新。因此，我们认为，虽然财权理论的倡导者在其文献中并未明确地声称相关的法律理论构成其理论研究的重要依据，但是，财权理论的研究事实上是遵循了有关法律理论的。所以，上述研究范式应该是对现有文献研究逻辑的一个合适概括。本书认为，上述研究范式本身是科学严谨的，因而是可以接受的。下文将严格依照上述研究范式对在此基础上确立的财权理论的科学性做出评价，本书关注的焦点是上述研究范式在现有文献的研究中是否得到一贯的遵循，从而确保其研究结论的内在一致性。

（3）关于财权主体与财务主体的确定。

我们认为，现有文献对财权主体以及财务主体的误读导致了财权理论的不完整和不规范性。

现代企业"所有与控制的分离"的这一基本特征决定了企业产权主体的二元性，即包括原始产权主体和法人产权主体，前者指股东，后者指经营者。与现代企业产权主体的二元性相一致，现代企业的财权主体也必然是二元的，即企业的所有者与经营者都构成财权的主体，前者所拥有的财权可被称为所有者财权，后者所拥有的财权可被称为经营者财权。然而，伍中信提供的文献未将所有者财权纳入其理论体系；并且该文献认为企业财权的主体是"企业"自身，而非经营者，这显然违背了现代产权理论"个体主义"的方法论。

需要进一步讨论的是关于财务主体。根据前面的研究范式，财务主体的认识思路应该是"产权主体—财权主体—财务主体"。循着这一思路，企业产权主体的"二元性"决定了财权主体的"二元性"，而财权主体的"二元性"最终决定了财务主体的"二元性"。即财务主体由财务管理主体和财务治理主体组成，前者是指企业的经营者，后者是指企业的所有者。本书认为现有文献关于"财务主体"的观点值得商榷：首先，现有文献只承认财务管理主体，而忽视了财务治理主体；其次，由于坚持上述狭隘的财务主体观，现有文献不论采取的是"一元性"，还是"二元性"甚至是"多元性"的财务主体观，都将面临无法克服的理论障碍。若坚持"一元性"观，则必然忽视投资者在企业财务关系中所扮演的重要角色，从而使得财权理论不完整；若坚持"二元性"或"多元性"观，则必将出现多重财务管理主体的情形。对于多重财务管理主体的科学性，就连财权理论倡导者伍中信博士也曾予以批驳。

（4）关于财权权能的概括。

现有文献在财权权能的概括上存在较大的随意性和不规范性，这一缺憾大大削弱了财权理论本身的科学性。这主要表现在以下几个方面：

第一，未严格区分"财权的权能"及"财权的具体内容"这两个不同的范畴。权能与权利的具体内容不是同一个概念，后者是前者的具体化。对于国有企业而言，经营权的权能包括占有权、使用权、处分权和部分收益权，而这些权能又直接地表现为《全民所有制工业企业法》所界定的十四项经营自主权，即这十四项经营自主权是经营权的具体内容，是其权能的直接表现形式，而不是其权能本身。权能与权利的具体内容之间关系的这一界定对于产权基础上的财权当然适用。但是，现有文献在列举财权"权能"时显然未严格区分这对范畴，从而使得财权权能的界定缺乏层次性与规范性。

第二，现有文献对财权具体内容的界定缺乏科学性、现实性与规范性。显而易见，现有文献主要根据《全民所有制工业企业法》所规定的十四项经营自主权来有选择地界定财权的具体内容。然而，在《公司法》被再度修正并被颁布的今天，仍然参照 20 世纪 80 年代初（即改革开放初期）相关法律对于国有企业经营权具体内容的规定来界定现代企业财权的具体内容，其研究结论的科学性与现实性确实值得怀疑。同时，现有文献对于财权具体内容的界定也缺乏规范性，这主要表现在：首先，有些所谓的"权能"很难说具有权利属性，诸如财务预测、财务分析等；其次，为了界定财权的权能，现有文献将产权的权能区分为主管实物形态的财产的权能与主管价值形态的财产的权能，我们认为这一做法是武断的。财产的实物形态与价值形态是一体两面的关系，是无法截然分开的。现有文献的上述做法显然过于简单化，不利于全面认识财权的权能。

总之，现有文献关于财权的权能研究是很不充分的。本书认为，未来的研究应注意以下问题：首先，严格区分"权能"和"权利的具体内容"，从而使财权权能的界定具有层次性；其次，必须正确地认识财权权能和产权权能之间的关系；最后，《公司法》中关于股东大会、董事会、监事会以及经理各自职权的相关规定应成为界定财权的具体内容或财权权能的直接表现形式的基本参照。

（5）关于"财权"概念提法的科学性。

既然产权理论构成财权理论的重要基石，那么财权概念及内涵应该严格地在产权概念及内涵的基础上予以确立并论证。我们得出这一论断是基于这样一个前提：在现有文献提出"财权理论"之前，作为一个严格的学术范畴，"财权"这一概念在现代企业财务学中根本就不存在。然而，现有文献在研究财权与产权之间的关系时，运用的是"比较研究和结合研究"方法，这一研究方法显然是认为"财权"范畴在此之前便作为一个严格的财务学概念而存在。也许正因为如此，现有文献的作者宣称"财权"概念是一个与"产权"相似的经济学范畴。

事实上，作为一个严格的学术概念，"财权"是中国财政理论所特有的，与这一概念对应的还有"事权"概念。这两个概念的确立是为了研究中国政府间的财政关系，而协调这一财政关系的传统制度是各级政府的财权与事权应匹配或统一。这一概念与理论的形成，与中国计划经济历史密切相关，国际财政分权理论基本上不采用这样的表述。即便在当前的中国，政府间的财政关系也正在进行调整，没有再使用这些陈旧的概念与理论，而是对政府间公共服务职责划分的制度和机制进行创新。未来中国政府间财政收支匹配关系的基本制度，将以寻求"公共支出管理责任与财力相匹配"为目标。政府的财权与企业的财产权利有着根本的不同，最重要的表现在于政府的财权不可能具有收益权的权能，而收益权则构成企业财权的核心。可见，企业的资源的获取方式以及运用方式与政府财力的获取方式有着根本的不同，则企业的资源又怎能与政府的财力相提并论呢？

因此，现有文献中的"财权"与"财力"是两个来源于传统的财政学并带有相当计划经济时期行政色彩的范畴。在建设社会主义市场经济的今天，将这样的概念无条件地纳入属于微观金融的企业财务学中，其理论的科学性着实值得怀疑。事实上，这一做法也不符合现有文献自身的逻辑，因为现有文献承认"现代财务"与"传统财务"最大的不同就在于企业财务已不再是财政体系的基础部分。据此，我们无法认同现有文献关于财权理论是建立在现代产权理论基础上的这一宣示，从而质疑现有文献的研究范式与研究逻辑的严谨性。建立在对"财权"范畴的上述认知的基础上，我们认为，财务理论界应该寻找一个更为科学的范畴来取代"财权"概念，从而建构相应的理论体系。

（6）结论性评价。

如果抛开学术界关于"财务本质理论"之于公司财务理论的学术意义的不同看法，仅就现有文献将产权理论引入财务本质理论的研究中，从而试图实现财务本质理论上的突破这一尝试本身而言，确实是有益的。不过基于上述分析，本书认为这一尝试似乎并不成功。实际上，鉴于公司财务的经济学属性，很难看出将产权经济学引入财务学研究中就必须对"产权"这一重要概念进行改造或修正的任何必要。事实上，"财权"概念的引入似乎只能使我们陷入"同义反复"的逻辑错误，从而容易走入理论上的误区。不过，本书所关注的并不是财权之于财务本质理论的意义，而是有着诸多理论缺陷的"财权"这一概念俨然已成为国内当前公司财务治理理论乃至整个制度财务理论研究的核心范畴这一事实。"财权"概念所存在的诸多缺陷使得我们在制度财务理论或财务治理理论研究中不得不抛弃该概念，转而采用本书所提出的"公司财务控制权"（或财务控制权）概念。与财权不同，无论是概念内涵还是权利配置，本书分别从法律和经济学层面对公司财务控制权概念做了充分论证，因此"公司财务控制权"更适合作为制度财务理论研究领域的基础概念。

## 3.3 公司财务控制权理论与公司财务治理

### 3.3.1 公司财务治理理论的批评性回顾

近年来，由于我国股票市场以及上市公司在发展过程中所暴露出来的种种问题无一例外地与公司财务相关，同时随着公司治理问题的研究在国内的不断深入，公司财务治理问题受到我国学界以及业界的共同关注，从而成为公司财务领域的一个热点论题，这方面的文献也正在日益增加。这一现象暗示着我国公司财务学界正在进行一个重大的学术创新：从制度的角度审视公司财务问题的方式日益受到关注，传统的财务学科体系可能由于制度分析方法的引入而被重构。本书的目的之一便是试图为这一"学术创新"贡献我们的一孔之见。对

• • • • • •

现有公司财务治理理论的批评性回顾构成了本书将要开展研究的一个合适起点。在回顾的过程中，我们既要对各种理论的研究范式做出评价，也可能对有代表性的观点进行检视。

就这一批评性回顾而言，本书并不仅仅涉及明确地将自己的理论置于"公司财务治理"这一名称之下的那些文献。本书主要依据其理论基点是否具有制度属性（而非技术属性）来界定所要回顾的领域。因此，某些未标明甚至尚未纳入公司财务治理这一范畴的文献也可能在本书的检视范围之内。之所以这样处理，其目的是试图对处理制度性财务问题的不同尝试的科学性做出评价。

**1. 宏观财务论纲**

较早对企业制度性财务问题进行探讨的理论是宏观财务论纲。该理论的主要代表性人物有郭复初等。在该理论看来，宏观财务是指"以国家为主体、以国有资本运动为内容的国家与企业之间的价值关系。宏观财务是社会主义经济制度下一个独特的经济范畴"。对于宏观财务的主体，正如其对宏观财务所下的定义，该理论认为宏观财务的主体从根本上讲是国家，但国家最终通过设立国有资产管理部门来代行其职责，因此，宏观财务的直接主体是国有资产管理部门。在该理论的倡导者看来，国有资产管理部门是"一个完整地行使国有资本管理职能的宏观财务部门"。不过，该理论进一步提出，"根据国内外的经验，最好的办法是以财政部门内设的财务管理机构为主体"。该理论认为"宏观财务的目标要素体现了宏观财务系统的本质"，具体包括一般目标和特殊目标，一般目标是"保证国有资本的有效运转，实现资金效益"，而特殊目标是指"实现整个社会资金的整体效益和其他社会经济目标"。关于宏观财务监督，该理论认为包括财务报表监督、财务收支监督、管理决策行为监督以及财务风险监督。①

从该理论的主要观点可以看出，宏观财务论纲是属于广义财政学这一大范畴的。该理论的倡导者也正是这样认为的，"我们将广义财政中所包含的国家组织国有资本运动的职能，称为宏观财务"。不过，虽然该理论同时认为"把宏观财务从财政中分解出来，分别建立宏观财务和财政范畴，或者明确社会主义财政的二元性质"，但是相对于财政学而言，宏观财务的所谓独立性也至多是相对的。如此看来，好像在此处回顾宏观财务论纲的基本观点实属多余。然而事

---

① 郭复初. 宏观财务论纲 [M] //周守华, 等. 现代财务理论前沿专题. 大连：东北财经大学出版社，2000：257-268.

实并非如此，在这里回顾宏观财务论纲是基于下列原因：虽然该理论的倡导者明确将该理论纳入广义财政学的范畴，但是某些企业财务学者却将该理论作为企业财务理论的一部分，这一处理方式的原因可能是宏观财务归根到底研究的是国家作为出资者（即股东）与国有企业（或公司）及其经营者的经济利益关系的调整。这一做法不仅有违该理论倡导者的初衷，也将会导致诸多学术逻辑上的难题，从而不利于企业财务学科体系的建立。所谓宏观财务，与其说是社会主义企业财务的一个特殊问题，不如说是社会主义财政的特殊问题。对国有资本的关注，当然可以同时从财政和公司财务两个学科角度进行。而宏观财务可能更适合被认为是从财政学而不是公司财务学的角度所进行的观察，事实上，宏观财务论纲的倡导者也是这样认为的。

## 2. 所有者财务论

"所有者财务"这一范畴是干胜道于 1995 年 6 月在《会计研究》杂志首次提出来的，并且在国内公司财务学界产生了一定的影响。提出这一理论的基本背景是现代企业制度的建立、国有资产的流失和所有者权益的保护。正是这些原因使得干胜道认为"有必要站在所有者的角度来思考财务问题"。对于所有者财务存在的依据，干胜道是这样解读的：

> 所有权与经营权分离了，是否所有者（股东）就只管坐享其成而没有什么财务问题了呢？或者说，有没有所谓"股东财务学"之类的东西存在？回答是：股东有财务问题要处理，股东财务学有建立的必要。我们知道，股东们面临着股票的持有、购入、抛售、收益等独有的财务问题，他们关心资本的保全与增值，并试图建立一套指标体系来考核经理们的经营业绩，这就是股东的财务问题。[①]

在描述所有者财务的理论结构时，干胜道将国家财务也看作所有者财务的一部分。这与他对所有者财务主体的看法是一致的，他认为所有者财务的主体包括个人、企业，当然也包括国家。对于所有者财务的目标，他认为"应该是企业整体价值最大化"。同时，他将企业财务[②]的目标看作"经营者自身效用最

---

① 干胜道. 所有者财务论［M］//周首华，等. 现代财务理论前沿专题. 大连：东北财经大学出版社，2000：317-334.

② 在他看来，经营者财务与企业财务可以视为同义语。

大化",从而将所有者财务与企业财务(或经营者财务)的目标区分开来。对于所有者财务的基本职能,干胜道认为是"监督和调控"。如此看来,干胜道确实是提出了一个完整的所有者财务理论。

应该说,所有者财务理论的提出是第一次严格意义上的研究制度性财务问题的理论尝试。如此认定的原因,只要我们关注一下干胜道关于该理论产生的背景、所有者财务的主体、所有者财务的职能以及所有者财务的理论结构等的表述便可知晓。不过,通过对干胜道关于所有者财务理论结构的表述的详细解读可以看出,所有者财务还包括技术性的财务问题,如资本来源理论、资本投放理论、收益获取与再投放等。在我们看来,该理论还存在着下列难以克服的缺陷:

(1)从技术层面上看,所谓的"所有者财务"并不存在其特定的研究对象。

企业的所有者只有三种类型:个人、企业、国家,这一点也得到了干胜道的认可,不过,在他的理论中,他将企业的所有者看作所有者财务的主体。既然这三种类型的主体成为企业的投资者,当然就与被投资企业间存在利益或财务关系,从而便当然地关注所投资企业的财务状况和经营业绩,以使他们的投资收益最大化。下面的论证将表明,无论对于哪一类所有者,都没有必要用一套被称为"所有者财务"的理论来指导他们的投资活动。

首先,对于个人投资者而言,从技术层面指导其投资行为的理论被称为"投资学",这是金融学学科体系下的一个分支学科。经过数位诺贝尔奖获得者的共同努力,投资学已发展成为一门相当成熟也是相当艰深的学科。因此,个人投资者自然不需要"所有者财务理论"来对他们的投资行为进行技术指导,事实上,所有者财务也没有能够提出一套严谨的技术方法来满足个人投资者这方面的需求。

其次,如果投资者是企业,那么我们应该意识到,作为投资者的企业通常具有双重身份,即同时是被投资者和投资者,干胜道显然忽视了这一简单的事实。作为被投资者,企业面临的是筹资决策,而作为投资者,企业关注的是投资决策,这一决策当然包括企业作为权益性投资者所涉及的相关问题,而这些问题在干胜道看来却必须通过确立"所有者财务"这一新的学科予以研究,否则便会出现"学术真空"。这两个部分的技术性内容在企业财务学中得到了充分的论述,我们实在看不出针对投资活动所包括的对外权益投资部分单独确立一套所谓的"所有者财务"理论予以研究具有任何理论上和现实上的意义。

最后，如果投资者是国家，干胜道将所有者财务直接称为国家财务（即宏观财务）。即使我们对宏观财务论的确立不存异议，但是，如前所述，即便是宏观财务论的最初创立者也将该理论作为广义的财政理论范畴而不是财务学范畴。但根据干胜道的逻辑，该理论显然从属于财务学领域。如何解释这一学科体系上的冲突，我们将不得而知。

（2）即使从制度层面上说，所有者财务理论也不存在独立的研究对象。

通过对所有者财务的职能和理论结构的解读，我们可以强烈地感受到所有者财务的制度属性。然而事实上，所有者财务理论中的这些制度问题实际上就是公司治理研究的课题。当然，对于公司治理所研究的某些制度问题，并非不能从财务学的角度予以重新审视。但是如果这样的话，就必须从财务学的角度对就同一制度问题进行研究的必要性和侧重点以及这一研究与公司治理所做的相关研究之间的关系予以阐释，但所有者财务的倡导者显然未做到这一点。即便做到这一点，所有者财务要能成为一门独立的处理制度财务问题的财务理论，还必须去掉前面所说的技术性内容，这意味着所有者财务的理论结构要做调整。即使理论结构做了相应调整，所有者财务要成为一个能够被接受的制度性财务理论，还面临着下面的问题。

（3）"所有者财务"这一提法本身既不科学也不规范。

要对这一观点展开论述，便会涉及一个看似表面性的，但实质上对财务学研究有着重要影响的学科命名规则的问题，而这一问题常常被国内财务学界忽略，并由此导致了很多不必要的学术纷争。在英文中，单独的 Finance，若译作中文，则有两种译法：金融学或财务学。内地（大陆）学界常译作金融学，而香港和台湾则翻译成财务学。所以，倘若作为外来词，从经济学的角度看，金融学和财务学从词源上是无法被区分开来的。但显然，金融学、财务学，实际上并不是外来词，将 Finance 翻译成中文的过程，实际上就是将中文中现有的词汇（即金融学或财务学）与 Finance 予以对应的一个过程。对于内地（大陆）学界而言，金融学与财务学之间的区别是显而易见的，与 Finance 相对应的名称是金融学，而不是财务学。这是内地（大陆）经济学界的惯例。

在英语中，与 Finance 相关的另一个重要词汇是 Corporate Finance，若译成中文，即使在内地（大陆）学界，也有两种译法：公司财务或公司金融，不过，更常见的并被国内经济学界、金融学界和会计学界广为接受的译法却是公司财务，本书当然也接受这一译法。由此可见，在内地（大陆）学界，公司

（或企业）财务学与 Corporate Finance 所具有的对应关系是被普遍接受的。

但是，企业财务学或者公司财务学通常被简称为财务学，即将企业财务学与财务学视为一物，这既是国内经济学界、金融学界以及会计学界的传统与惯例，也是当前学界的基本共识。这一点可以从国内各主要财务学者的论著中得到证明。在他们的著作中，财务学与企业或公司财务学交互使用。当然，为与香港和台湾地区学术界的习惯保持一致，以便开展学术交流，也可将财务学与金融学视为同一物，不过，此时就必须将研究企业范围内的金融或财务问题的学科完整地称为公司（或企业）财务学。但事实证明，并没有学者尝试这一做法，即使有人尝试，可以预期也不会被学界广泛接受。如此看来，在学科命名规范上，接受我们自己的学术传统是最佳的，至少是成本最低的选择，因为仅仅学科名称上的微小差异并不妨碍国际性的学术交流。

既然我们承继这一惯例，作为财务学者，则必须意识到作为学科名称的财务学本质上是一门研究企业的财务或金融问题的学科，那么在应用"财务"这一语汇进行学科命名时便不能违反这一普遍共识。否则，只能导致有关学术范畴在概念上的混乱以及应用上的随意，这当然不利于学术的研究、交流与发展。"所有者财务（学）"这一提法对于"财务（学）"一词从命名角度的理解既有别于西方学术界的规范，又与国内的惯例相悖，因而这一做法实不足取。所以，即使作为一门专门研究制度财务问题的理论，所有者财务这一提法本身的科学性和规范性仍是值得推敲的。与"所有者财务"存在同样的命名规范问题的提法还有"经营者财务""出资人财务"等，不一而足。由于篇幅有限，在此不再赘述。

最后需要进一步指出的是：上述这一看似表面性的学科命名所存在的规范性与科学性问题反映出了国内财务学界在学术研究中与经济学研究，尤其是金融学研究缺乏有意义的沟通。比如经营者财务论的倡导者汤谷良便认为：

西方财务学（准确地说应该是西方公司财务学，笔者注）不能成为架构中国财务学的目标模式……西方财务学主要探讨的是以企业价值最大化为目标，以金融市场为主要环境……的财务运作问题，……西方财务学的特点是：①在分析对象上，西方财务学所考虑的企业仅仅是股份有限公司的财务，而且还限于上市公司的财务……②在涉及内容上，西方财务学主要探讨股份公司在金融市场的财务运作问题，而对公司内部财务问题……很少涉及。③在财务管理层次上，西方财务学首先就宣称在公司财务经理层次上，研究如何进行财务管理问题……④从西方财务学的理论基础分析，西方财务学与西方经济学的发展相辅相成，水乳交融……鉴于西方财务的上述特点，按照西方财务来架构中国财务学体系和操作体系是不适宜的，是有害的。①

汤谷良上述的一段话反映了国内财务学界普遍流行的一个方法论，不过，想要根据上述有限的文字准确定义这一方法论显然是不够的。但是，仅凭这些文字我们便至少可以得出下列结论：这一方法论不主张甚至是排斥经济学以及金融学在财务学理论研究中的应用。然而任何一个严肃的财务学者都可能认同这一判断：即使是建立在汤谷良所提出的四点理由的基础上，得出"按照西方财务来架构中国财务学体系和操作体系是不适宜的，是有害的"的观点也显得过于仓促和牵强，更何况上述四点理由是否都体现了西方财务学的真实特征是有待商榷的。由于篇幅所限，本书不打算对上述四点理由中某些理由本身表述的准确性与严谨性、四点理由与其结论的相关性提出疑问，在此仅指出这样一个学界与业界有目共睹的事实：随着国内资本市场的建立和不断发展，随着资本市场与我国国民经济增长之间联系的日益紧密，随着现代企业制度被确定为我国国有企业改革的总体方向，西方公司财务学的主要理论与观点已经并持续不断地被引入国内学界的财务学研究以及业界的财务管理实践当中。一方面，这些西方的理论元素对于国内财务学研究而言具有重要的借鉴价值；另一方面，如果没有经济学与金融学的基础理论支撑，财务学很难发展成为一门科学的、致用的学问。片面拒绝西方现有的理论元素可能导致国内财务学研究变成"学术孤岛"，而脱离了经济学和金融学的基础理论支撑，财务学理论必将成为"无源之水，无本之木"。面对当今国际和国内的市场环境，国内学界事实上存在的财务学研究的"会计学派"和"金融学派"必将相互倾听各自的声音，二者之间的相互交融成为必然趋势。

倒是值得关注的是：汤谷良上面的一段话透露了国内财务学界共有的两个严重的关切，即对特殊财务问题（即所谓国有财务问题）以及制度财务问题的研究。这两项创新工作的开展确实是实现外来理论中国化的必然过程。前一个理论问题已在广义财政学的框架下得到很好的解决，而后一个问题正是国内财

---

① 汤谷良. 经营者财务论［M］//周守华，等. 现代财务理论前沿专题. 大连：东北财经大学出版社，2000：335-354.

务学界正在试图解决的。本书认为,制度性财务问题的研究并不能取代技术性理论的引进与发展。下面的财务治理理论可以被看作在与技术性理论共容的框架下所开展的对制度性财务问题进行研究的较成功的尝试。

### 3. 财务治理理论

相对于前面两个理论而言,作为研究制度性财务问题的一个理论分支,财务治理在理论研究上受到国内财务学界更多的关注,在概念提法上得到更广泛的认可。这方面的文献相对而言也较为丰富,但本书并不打算对具体的文献进行系统的梳理。在此,本书仅对现有的财务治理基本理论中那些在学界已达成共识并能体现财务治理问题研究的方法论的观点进行检视,从而对财务治理理论的研究范式的科学性做出评价。

虽然国内不同学者对财务治理问题的某些具体的理论(如财务治理的概念、目标等)持不同的观点,但是对于两个根本性的问题:财务治理与公司治理间的关系以及财务治理和财务管理间的关系的看法却是相同的。几乎所有财务治理理论研究者都认可如下结论:公司财务治理是公司治理的一个子系统;财务治理和财务管理构成了企业财务系统的两个层次。[①] 这些共识表明:财务治理是在与财务管理共容的基础上建立和不断发展起来的;公司治理理论构成财务治理问题研究的重要(当然不是唯一的)理论依据。这种在学科体系构建上所体现的系统性和开放性、在理论研究范式确立上的科学性,以及在概念提法上的规范性,使得财务治理这一研究方向的确立成为研究制度财务问题从而构建有中国特色的财务学科体系的有效实践。下文将就公司财务治理理论提供我们的一知半解。

在此我们不得不提到李心合教授在其博士学位论文《利益相关者财务论:新制度主义与财务学的互动与发展》中提出的一个全新的、重要的范畴——制度财务学。在李心合看来,制度财务学是相对于标准财务学而言的,是基于标准财务学所存在的逻辑缺陷而提出的,是将制度和社会嵌入性纳入公司财务分析的理论框架的产物,是新制度主义和财务学交融的结果。本书认为,制度财务学这一范畴的提出,标志着国内财务学者在探索解决制度性财务问题的理论的道路上迈出了重要的一步,它为我们对国内现有的以企业制度性的财务问题为研究对象的新观点或新理论予以体系化提供了一个基点。在进入下一个阶段

---

① 林钟高,王锴,章铁生. 财务治理:结构、机制与行为研究 [M]. 北京:经济管理出版社,2005:34.

研究前，本书就制度财务理论研究提出如下观点：制度财务学研究的对象是制度性而非技术性的财务问题；制度财务学的研究方法是多样的，可能是新制度经济学的，也可能是旧制度主义的，还可能是社会学的等，不同研究方法的使用取决于不同学者的学术偏好和理论信仰，不同的研究方法当然也就形成了不同的学术流派，而不同的学术流派在不断争论中相互融合；某一理论是否属于制度财务学范畴首先取决于其研究对象是不是制度性的财务问题，而不是其所采用的研究方法类型；制度财务学是对标准财务学的补充而非取代，就像新制度经济学是对标准经济学的补充而非取代一样。

借用李心合所提出的"制度财务学"这一重要范畴，本书试图提炼出一个完整的财务理论体系（见图3-7）。通过将国内财务学者关于制度财务问题的最新研究成果纳入该体系，可以从整体上理清研究思路，便于不同观点或学术流派间的相互交流与交融，从而为逐步形成一个更具解释力的理论提供线索与依据。当然，该体系的提出也便于了解本书所提出的理论在整个体系中所处的位置。

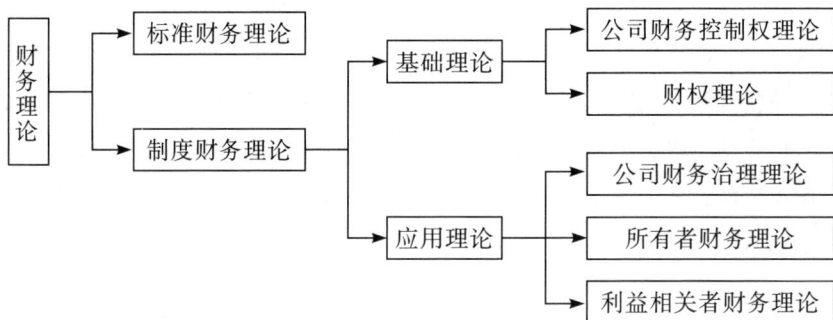

图3-7　财务理论体系

## 3.3.2　关于公司财务治理理论的新观点

为公司财务治理问题的研究提供概念基础、理论依据和研究范式是本书的主旨之一。李维安认为，公司治理的理论基石是企业理论；张维迎也认为，公司治理的核心就是公司剩余索取权和剩余控制权的配置。由此可见，企业理论（具体而言应该是其中的企业内部结构理论）是研究公司治理问题的理论依据已成为国内经济学界的共识。而对于公司财务治理，国内公司财务学界的共识是将其作为公司治理的一个子系统，正如林钟高等所言："财务治理作为一种规范、完善企业财务制度的创新组织和契约机制……是公司治理的一个子系统，从属于公司治理的根本性质。"① 因此，本文认为，虽然公司治理理论是公司财务治理问题研究的直接依据，但是公司财务治理理论根本上应建立在企业理论的基础之上。这是本书为什么严格依据企业理论而形成公司财务控制权理论，并将其与公司治理理论一起共同作为公司财务治理问题研究的理论基础的原因。

当然，我们既没有能力也不打算提出一套完整的公司财务治理理论体系，在现阶段便进行这种尝试似乎为时尚早。本书的思路是：借助前文所提出并被充分论证了的公司财务控制权理论，仅就公司财务治理的一些重大的基本理论问题提出自己的看法，为更深入、更细节的研究提供一个共同的理论基础。

### 1. 公司财务治理理论研究范式的提出

一个理论的研究范式从根本上决定了该研究所产生的结论的科学性与权威性。可以说，一个新的研究范式的提出便是一套新理论产生的前奏。所以，当前国内财务学界关于公司财务治理理论研究所要解决的首要问题是确立科学的研究范式。虽然国内关于公司财务治理的文献日益增多，但是明确提出并严格遵循某一研究范式的文献并不多见，这显然不利于公司财务治理理论的研究、批判、交流和创新。值得关注的是，在李心合的博士学位论文《利益相关者财务论：新制度主义与财务学的互动与发展》中，体现了一个完整的公司财务治理理论的研究范式。本书首先对该范式予以总结，然后再提出我们自己的研究范式，最后对这两个研究范式进行比较研究。

根据我们的理解，李心合所提出的、被包含在《利益相关者财务论：新制度主义与财务学的互动与发展》一文中的研究范式可如图 3-8 所示：

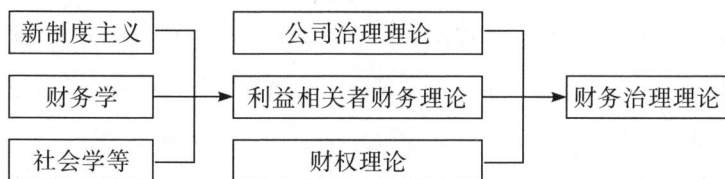

**图 3-8　财务治理理论研究范式之一**

---

① 林钟高，王锴，章铁生. 财务治理：结构、机制与行为研究 [M]. 北京：经济管理出版社，2005：121.

需要指出的是该文的主要目的是借助新制度主义与财务学的互动与交融，并将社会学等潜入性导入该项研究之中，从而试图提出一套完整的利益相关者财务理论，但是这一著作同时也涉及了公司财务治理问题研究。在李心合看来，"以利益相关者合作为基础的财务共同治理是利益相关者财务的基本特征"。因此，可以断言李心合是将利益相关者理论作为公司财务治理理论研究的基本依据。

至于本书的研究范式，在前文的论述逻辑中已可以得到清晰的辨识，但为具体起见，也将其图示如图3-9：

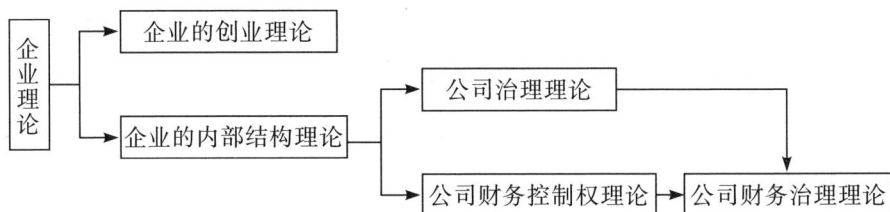

```
          ┌──────────────┐
     ┌───→│  企业的创业理论 │
企    │   └──────────────┘                ┌──────────┐
业    │                        ┌─────────→│ 公司治理理论 │─────────────┐
理────┤                        │          └──────────┘              ↓
论    │   ┌──────────────┐    │                              ┌──────────────┐
     └───→│ 企业的内部结构理论│────┤                              │ 公司财务治理理论 │
          └──────────────┘    │          ┌──────────────┐    └──────────────┘
                               └─────────→│ 公司财务控制权理论 │──────────┘
                                          └──────────────┘
```

图3-9　财务治理理论研究范式之二

现在对上面两个研究范式进行比较分析：

第一，这两个研究范式的一个基本共同点是都试图为公司财务治理问题的研究提供一个基础性的理论。这反映了我们对于公司财务治理理论的应用性的共识。不过，在李心合的研究范式中，这一基础理论是利益相关者财务理论，而在我们的研究范式中则将产生于现代企业理论的公司财务控制权理论作为公司财务治理理论的直接依据。这一研究逻辑基本地决定了这两个研究范式的科学性。

第二，在构建公司财务治理研究基础性理论的逻辑上，这两个范式有共同点，也有不同之处。共同点体现在新制度经济学（或新制度主义）同时构成了其基础性理论的生成依据。不同点体现在：①借助新制度经济学理论，本书更关注企业理论在公司财务控制理论研究中的应用，这是基于这样一个判断：公司财务控制权是公司所有权的核心元素。并且，公司财务控制权理论的建立所依赖的是本书所提出并经严格论证了的企业的内部结构理论，或者说，新制度经济学的企业理论本身也在我们的研究范围之内。②在李心合的范式中，财务学（从逻辑上讲，应该是标准财务学）以及社会学等也构成了利益相关者财务理论的研究依据，而本书的研究范式中却并非如此。本书认为，公司财务控制理论属于制度财务学范畴，是以制度性的财务问题为研究对象，作为处理技术性财务问题的标准财务学是不可能作为其研究依据的。但这并不能否认制度财务学与标准财务学之间的内在关联，事实上正如前述，它们二者共同构成一个完整的财务学体系。至于社会学，本书认为，由于其更多涉及的是价值判断性质的论题，而财务学（包括制度财务学）理论从总体上说是实证性的，因此，二者的分析逻辑基本上并不兼容。当然，这不意味着对财务问题的研究就不需要价值判断，本书也并不认为财务学是唯一以财务问题为研究对象的学科，社会学甚至法学等学科，都可能而且事实上对公司的财务问题做出不同视角的判断。本书所秉承的观点是：在一个理论或学科中试图同时解决多个相互冲突的问题的做法是不具有可行性的，坚持这样做的结果是最终可能什么问题都没能被满意地解决。

第三，在上面两个研究范式中，虽然公司治理理论都构成了公司财务治理理论的研究基础，但本书对公司治理模式的选择与李心合却完全不同。李心合坚持利益相关者导向的公司治理模式（即利益相关者共同治理模式），其依据是经济学中的利益相关者理论；而本书却主张股东导向的公司治理模式，其依据是新制度经济学的企业理论。

第四，在李心合的范式中，伍中信所提出的"财权理论"也成为公司财务治理理论的研究依据之一。实际上，这是国内现行公司财务治理理论研究的普遍实践。但鉴于前文对财权理论的回顾与评价，本书没有采用该理论，取而代之的是本书所尝试发展的公司财务控制权理论。

第五，正是本书的研究范式与李心合的研究范式存在的上述种种不同之处，从而使得本书关于公司财务治理理论的基本观点与李心合的观点并不一致。这主要体现在公司财务治理的本质理论、目标理论以及模式选择上。本书关于公司财务治理本质和目标的观点将在下文阐述，而由于财务治理模式的选择属于实证性命题，因而关于这方面的观点留待本书第 4 章讨论。

### 2. 公司财务治理本质理论

如同公司财务管理理论，本质理论与目标理论无疑也是公司财务治理最基本的理论。公司财务治理的本质决定了公司财务治理的目标，而公司财务治理的目标又决定了财务治理模式的选择，并最终决定了财务治理机制的评价与创新。如果我们认为财务治理模式理论与财务治理机制理论是公司财务治理的应用性理论，那么财务治理的本质理论和目标理论则是公司财务治理的基础理论。进一步而言，本书认为正是上面的四个子理论构成了公司财务治理的理论体系。该体系可如图 3-10 所示：

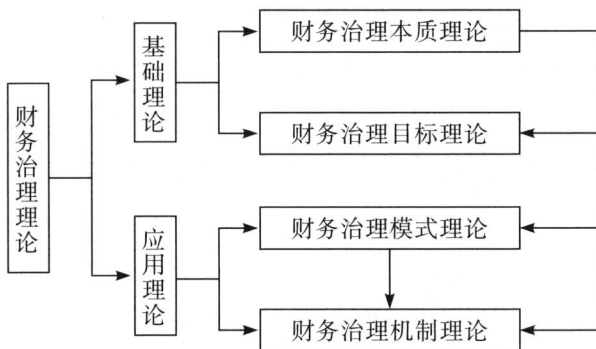

图 3-10　公司财务治理理论体系

上面的图示也同时反映了基础理论与应用理论之间及其各自内部的逻辑关联。据此我们是否可以得出结论：公司财务控制权理论对公司财务治理理论研究所起的基础性意义首先体现在其对公司财务治理本质理论和目标理论的导引作用上？下文将首先根据这一逻辑提出本书关于公司财务治理本质理论的新观点。

通俗地说，公司财务治理的本质反映了公司财务治理从根本上所试图解决的问题。要理解这一根本问题究竟是什么，就必须从对公司财务治理产生的前提进行解读开始。由于公司财务治理是公司治理系统的一个子系统，所以公司治理产生的前提实际上就是公司财务治理产生的前提。根据哈特的理论，公司治理问题产生的前提条件有两个：第一个条件是所有与管理分离所导致的代理问题，即所有者与管理者之间存在利益冲突；第二个条件是交易费用所导致的不完全合约的存在，即代理问题不可能通过完全合约予以解决。因此，在哈特看来，公司治理结构是一个决策机制，而这些决策的内容在初始合约下没有被明确地设定。更确切地说，治理结构作为决策机制的作用是分配公司对非人力资本的剩余控制权，即资产使用权如果没有在初始合约中详细设定的话，治理结构将决定其应该如何被使用。在这个意义上，哈特将剩余控制权的配置视为公司治理的本质。

　　不过，在张维迎看来，剩余索取权和剩余控制权二者的配置共同构成了公司治理的本质。由于这一观点在国内经济学界以及财务学界事实上已成为主流理论，因此，对该论点进行评论对于本书后面的研究是必要的。基于前文对企业理论主流观点的回顾以及在此基础上本书所提出的企业的内部结构理论，剩余索取权的配置与剩余控制权的配置是密切相关的。按照张维迎的说法，二者是对称配置的，这一观点符合企业理论的基本逻辑。根据企业理论，索取剩余构成了取得剩余控制权的前提，而这正是剩余索取权和剩余控制权对称配置的理论依据。剩余索取权与剩余控制权的配置共同构成企业理论的研究课题，即企业理论既要说明剩余索取权的配置，又要解释剩余控制权的配置。最终的研究结论是：二者应对称配置给企业的资本（即权益资金）提供者。由于企业所有权被定义为剩余索取权和剩余控制权的组合，因此，上述结论也可以表述为股东构成企业的所有者。不过，对于由于代理问题而导致的公司治理理论而言，则显然更关注的是剩余控制权的配置。当然，这并不意味着公司治理理论对剩余索取权的配置漠不关心。在公司治理中，对剩余索取权配置予以关注的目的在于试图通过激励来解决代理问题。但由于诸多原因（如搭便车等），仅仅通过激励并不能有效地解决公司治理问题；更为重要的是，出于激励原因所进行的剩余索取权分享的实践可能会加大人力资源拥有者所面临的风险，从而促使他们寻求对公司的控制权。而随着控制权，尤其是剩余控制权的稀释，将会破坏产权的社会功能，并最终损害企业的效率。这正是许多经济学家不主张针对工人普遍推行利润分享制的重要原因。因此，剩余索取权的配置效率也是公司治理所关注的另一个问题，但由于它在解决代理问题时所起到的作用有限，在公司治理理论中剩余控制权的配置受到更多的关注。因此，哈特的观点更能抓住公司治理问题的实质。考虑到本书在前面得到的一个重要结论，即剩余控制权比剩余索取权更能反映企业所有权的本质，哈特关于公司治理本质观点的合理性便不难理解。值得关注的是，将剩余索取权的配置也视为公司治理本质的观点给国内的相关理论研究产生了不必要的误导。国内学者在研究公司治理（包括公司财务治理）时，常常不恰当地突出了剩余索取权的配置在公司治理理论中的地位，尤其是对于那些以利益相关者主义为基础的治理理论。这一不当处理显然与对剩余索取权性质的误解有关。他们将剩余索取权看作一项纯粹的权利，而在本书看来，索取剩余（或剩余索取权）首先是一项义务，其次才是一项权利。

根据前面的论述，公司财务控制理论形成的基本逻辑是：以企业理论为依据，试图从理论上解决在所有与管理分离条件下的公司财务控制权的效率配置。既然公司财务控制权理论是公司财务治理理论的基础，而且公司财务控制权是公司控制权并最终是公司所有权的核心，作为公司治理的一个子系统的公司财务治理的本质便是公司财务控制权的效率配置，包括公司剩余财务控制权的配置以及公司合约财务控制权的界定。在这里，配置与界定既意味着权利主体的明确，同时也意味着权利内容的确定及其实施机制的确立。

### 3. 公司财务治理目标理论

在国内学术界，目前存在两种关于财务治理目标的有代表性的观点，这两种不同的观点对应着不同的财务治理模式。或者更准确地说，是不同的财务治理模式决定了不同的财务治理目标。它们分别是：股东导向财务治理模式下的目标是股东财富最大化；利益相关者导向财务治理（即所谓共同治理）模式下的目标是利益相关者价值最大化。据此，可以将当前国内学术界研究财务治理目标理论的基本范式图示如图 3-11：

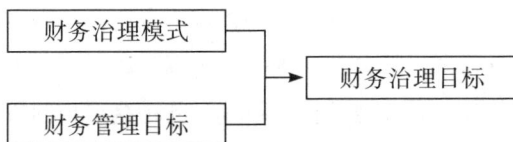

**图 3-11　财务治理目标理论研究范式之一**

在提出我们自己的研究范式之前，对这一流行于国内财务学界的研究范式做必要的评析是有益的。首先，该范式将财务治理模式作为财务治理目标的决定因素。正如林钟高等在《财务治理：结构、机制与行为研究》一书中所言：

作为企业赖以运行的经济环境的一个最直接的部分，治理结构确定了企业的目标，并提供了实现目标和监督运营的手段。企业财务管理目标服务于企业目标，当然也由治理结构确定。[①]

---

① 林钟高，王锴，章铁生. 财务治理：结构、机制与行为研究 [M]. 北京：经济管理出版社，2005：216.

对于上述研究逻辑，本书有不同的观点。根据前文所提出的"公司财务治理理论体系"，是属于基础理论的财务治理目标对属于应用理论的财务治理模式（即治理结构）起着引导作用，①而不是相反。目标引导结构，而结构呈现目标，这一逻辑似乎并不需要太多的解释。不过，在对财务治理目标进行实证研究的过程中，研究逻辑确实是从治理结构入手，从而实现对财务治理目标的把握，即治理结构→治理目标。然而，这一实证研究逻辑不仅没有否定本书在公司财务治理理论体系中所体现的治理结构与治理目标之间的内在关系，反而证实了这一关系。正是由于治理目标从理论上决定了治理结构，因而在实证研究中，要试图把握实践中客观存在的治理目标，当然就必须从作为治理目标呈现形式（或表达形式）的治理结构着手分析了。

其次，上述流行的分析范式还将财务管理的目标作为厘定财务治理目标的重要依据，因此从严格的意义上说，该范式并未区分财务管理目标与财务治理目标，而当然地认为二者是一体化的。虽然本书也认为在厘定财务治理目标时应对财务管理的目标予以考察，却并不赞同该范式对它们二者间关系所做的上述认定。在本书所提出的"财务理论体系"中，标准财务理论（即财务管理理论）与制度财务理论（当然包括财务治理理论）共同构成一个完整的财务理论体系。而且本书已经论证：财务治理理论产生的重要前提之一就是代理问题的存在，财务治理理论的一个重要目的就是研究如何有效率地解决代理问题引致的财务利益冲突。因此，最终可以得出这一结论：财务管理目标与财务治理目标是内在地一致的。这一内在的一致性不仅是由财务理论体系的完整性所决定的，更是由企业的内部结构（包括所有权结构）所决定的。因此，财务管理目标与财务治理目标之间没有彼此决定与被决定的关系，而是企业的内部结构（包括所有权结构和雇佣关系）决定了财务管理目标与财务治理目标的内在一致性。因此，从根本上说，企业的财务治理目标和管理目标都应以企业理论为基础来生成。不过，由于财务管理目标比财务治理目标在理论研究层面相对成熟，鉴于二者间的逻辑一致性，在研究财务治理目标时以财务管理目标为参照确是理论研究中可以接受的一种策略行为。

根据上文的评析，结合之前已经提出的公司财务治理理论体系，现在可以提出本书关于公司财务治理目标理论的研究范式。该范式可图示如图 3-12：

---

　　① 　引导而非决定，因为从实践层面上说，目标与模式之间并非严格地遵循一一对应的关系。

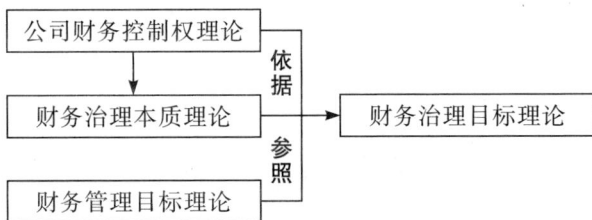

图 3-12　财务治理目标理论研究范式之二

上面这一图示表明了在确定公司财务治理目标时必须考虑的三个约束条件，包括一个参照和两个依据。下文将根据这一范式针对公司财务治理目标理论提出一个新观点。

（1）一个参照：财务管理目标理论。

虽然相对于财务治理目标理论而言，财务管理目标理论相对成熟，但为了给财务治理目标理论的研究提供一个科学的参照物，则有必要对国内现有的财务管理目标理论进行检视，检视的基础仍然是新制度经济学的企业理论，同时涉及标准经济学理论。本书试图通过对现有理论进行检视从而提出关于财务管理目标理论的新观点。

国内学术界关于财务管理目标的主流观点是：如同从利润最大化向股东财富最大化转变一样，从股东价值最大化到企业价值最大化的转变是财务管理目标理论上的又一个重大飞跃。[1] 为了论证这一观点，王化成等提出了以下几个理由：第一，企业价值最大化扩大了考虑问题的范围；第二，企业价值最大化注重在企业发展中考虑各方利益关系；第三，企业价值最大化理论与理财主体理论是一致的；第四，企业价值最大化更符合我国社会主义初级阶段的基本国情。其中，第一个理由和第二个理由是建立在企业的契约理论基础上。[2] 值得注意的是，近来该主流观点还受到利益相关者理论的支持与引证，从而出现了将企业价值最大化与利益相关者利益最大化等同起来的新观点。

本书认为上述观点误读了股东价值最大化和企业价值最大化之间的关系。下面将运用新制度经济学的企业理论对股东价值最大化的合理性及其与企业价值最大化之间的关系做出深入的剖析，从而作为对上述四个理由的回应。

---

[1]　王化成，等. 财务管理［M］. 5 版. 北京：中国人民大学出版社，2017：56.

[2]　王化成. 财务管理理论结构［M］//周守华，等. 现代财务理论前沿专题. 大连：东北财经大学出版社，2000：1-48.

· · ·　· · ·

在经典的公司财务理论中，股东价值最大化构成财务管理的目标。但是受到国内学术界质疑的是：在参与企业契约的若干主体当中，企业财务目标为什么仅仅体现股东的价值追求。看来，倘若股东财富最大化确实能被普遍接受为企业的财务目标，则一定有其他更深层次的原因。

首先，依据企业契约理论，企业是一个契约结构，即企业被看作理性主体之间的一组契约。在企业的契约模型中，企业本身并不是一个经济角色，它自身并没有目标和动机。相反，它只是一个舞台，自发的经济主体在这个舞台上按照相互的协议或隐含的规则去表演，以实现他们各自的目的。由此可见，企业财务管理目标实质上是契约主体目标的显在化，因此，财务管理目标的综合表达应能够清晰地体现契约主体的价值追求，而股东财富最大化这一提法恰恰符合这一特征。

其次，作为一种团队生产的组织形式，企业的产出是整个团队共同努力与协作的结果，任何一个成员的个人贡献都不可能精确地被分解和观察。由于道德风险的存在，企业中必然存在着低效率。为解决这一问题，监督和激励便有必要，而这又取决于企业所有权的最优配置，包括剩余索取权与剩余控制权的配置。剩余索取权是相对于固定收益权而言，在固定的或特定的收益权实现之前，企业剩余索取者什么也得不到，即剩余是不确定的。由此可以认为：第一，企业剩余索取权的拥有者即为企业风险的主要承担者；第二，人类经济行为最大化的本质就是追求最大化的剩余收益或剩余价值；第三，既无法保证企业契约的每个参与人都同时享有固定索取权，也不可能让每个当事人都同时拥有剩余索取权，因为剩余索取权的界定必须以固定索取权的存在为前提。哈特、张维迎等论证了企业剩余索取权和剩余控制权集中对称配置给非人力资本所有者的企业产权契约具有最优性，这一最优性也被本书前面所提出的企业的内部结构理论证实。其中，哈特论证了两者对称配置是建立有效激励机制的关键，而张维迎则论证了两者的对称配置是实现企业价值最大化的制度基础，即此种所有权安排能使"加总的"每个参与人的行动的外部效应最小化。因而，为实现企业所有权的最佳配置，股东应同时拥有剩余索取权和剩余控制权。企业所有权配置实质上是一个风险与报酬的权衡过程，那些没有能力承担或不愿意承担风险的企业参与人，前者如一般劳务的提供者，后者如企业债务性资本的承担者，为获得一份固定的有保证的收入（在企业持续经营的情况下）的代价就是将剩余控制权让给企业权益资本的提供者——股东。由于股东同时拥有了企业的剩余索取权和剩余控制权，而企业所有权的实质即为剩余产权，因此可以认为企业的所有者是股东。可见，体现了股东价值追求的股东财富最大化理论有着其内在的产权动因。

最后，由于股东拥有的只是企业的剩余权益，因此，正如自由市场中的所有主体有意识地最大化自我利益的行为必然同时增进整个社会的福利一样，企业在有意识地追求股东财富最大化的同时必然会促成（不论是有意或无意）其他契约主体利益的满足。因此，在企业财务目标理论研究中将股东利益与企业契约其他主体利益对立起来的观点是片面的，它忽视了实现企业股东财富最大化时客观存在的种种法律上和道义上的约束。

现有文献关于企业价值最大化取代股东价值最大化是理论上飞跃的观点与论据已如前述。从经济学的角度看，这实质上是一种利益相关者资本主义观点，这种观点的错误在于将股东利益与企业契约其他主体的利益简单对立起来，从而将股东财富最大化与企业价值最大化简单对立起来。

首先，股东财富最大化的实现受到有关法律和契约的约束，此种约束旨在一方面对企业固定收益索取者的利益予以特殊的保护，[①] 另一方面确保有关社会责任的履行。前者如企业债权人的利益受到公司法、合同法和担保法以及贷款合同等的保护，企业职工的权益受到劳动合同以及劳动法等的保护；后者如国家的税收受到税法等的保护，自然环境受到有关环保法律的保护等。当然，即使存在有关法律和契约的约束，相关人的利益仍然有被损害的可能，但这种可能性显然不是通过有关概念的转换便能消除的。其次，如前所述，由于股东权益的性质是剩余权益，因此在有意识地追求股东财富最大化的同时必然会促成其他企业契约主体利益的满足。最后，企业经济行为最大化的本质只能是追求最大化的剩余收益或剩余价值，固定收益无最大化可言。因此股东利益与企业契约其他主体利益，尤其是他们之间的中长期利益具有内在的一致性，即股东价值最大化与企业价值最大化在逻辑上具有内在的一致性。[②]

---

① 相对于对股东利益的保护而言，实际上，有关法律如公司法对股东的行为如出资，以及股东的权益如利润分配所施加的往往是限制。

② 石友蓉，黄寿昌. 财务目标的经济学解释及重构 [J]. 武汉理工大学学报（信息与管理工程版），2004，26（6）：257-261.

　　在这一观点的持有上，我们并不孤独。国内著名会计学家余绪缨就认为它们是完全相同的。① 股东价值最大化与企业价值最大化都是外来的概念，因此，看看西方公司财务学界关于它们二者间关系的论述对评价国内学界对于同一问题看法的科学性是至关重要的。在此引证两个重要的观点：一个来自实务界，一个来自学术界。来自实务界的观点体现在《公司价值评估：有效评估与决策的工具》一书中，在这本主要针对公司经理人编写的著作的开头，美国学者康纳尔提到：

　　在关于管理在公司中的角色的长期争论中，公司管理的关键目标是价值最大化历来为各派学者所公认。然而，有人认为，价值最大化与公司的其他目标相矛盾，比如赢得市场份额，以及公正对待雇员和客户。这种矛盾更多的是想象中而不是实际中的。对市场份额没有足够的重视，或者对待员工和客户不公正，就不可能赢得比竞争对手更多的价值。②

　　根据叙述的逻辑，文中的"价值最大化"实际上是指股东价值最大化。结合"公司价值评估：有效评估与决策的工具"这一标题，完全有理由相信，在康纳尔看来，公司价值最大化与股东价值最大化是一体的。来自学术界的观点则体现在一篇在公司财务理论领域有着显赫地位的论文：MM 理论的提出者莫迪里阿尼和米勒撰写的《资本成本、公司财务和投资理论》，公司价值的概念以及市场价值最大化（即股东价值最大化）的概念就是源自该论文。在这篇论文中，他们谈到：

　　替代的方式（即利润最大化）③ 是，只要它建立在市场价值最大化（当然可能指公司价值最大化）基础上，就能为资本成本操作上的定义和一种可行投资理论提供基础。在这种情况下，任何投资方案及其财务计划都必须且只需通

---

　　① 余绪缨. 试论现代企业的经营环境、财务目标与财务干部应具备的素质 [J]. 财会月刊, 1995（1）：3-5.

　　② 康纳尔. 公司价值评估：有效评估与决策的工具 [M]. 张志强，王春香，译. 北京：华夏出版社，2001：67.

　　③ 利润最大化为笔者所加。他们认为利润最大化这一决策标准之所以不理想只是它没有被很好地定义，这与国内学者否定利润最大化目标合理性的理由不太相同。

过如下的检验：这项方案会增加公司股票的市场价值吗？如果能，它便可执行，如果不能，它的收益就少于公司资本的边际成本。①

可见，在市场价值最大化决策准则的创立者莫迪里阿尼和米勒看来，公司价值最大化与股东价值最大化也并无二致，并且利润最大化之所以不能成为一个很好的决策标准，只是由于该范畴未被很好地定义。在《资本成本、公司财务和投资理论》一文中，莫迪里阿尼和米勒首次提出了标准的企业价值度量方法，从而使得市场价值最大化成为一个很好的决策标准。

基于前面对有关财务（管理）目标理论的经济学分析，将股东财富最大化或企业价值最大化界定为企业的基本财务管理目标都是比较科学的，但本书认为股东财富最大化较企业价值最大化更合适。原因是：其一，企业本身并无目标，所谓的企业目标实则为企业产权契约相关人目标的显在化。股东财富最大化这一提法更能直观地体现契约当事人的价值观，因而比企业价值最大化在概念指向上更具体、更明确。其二，股东财富最大化这一提法易于理解企业管理当局在财务管理实践中可能存在的代理问题，它能更清晰地看出企业的财务管理目标对于企业的管理当局而言是外生而非内生的。财务管理的实施者是企业的管理当局，企业管理当局在实现其内生的目标过程中是不可能存在逆向选择和道德风险的——而这与客观事实并不相符。

当我们再回头看一下前文提到的将股东价值最大化与企业价值最大化区分开来的四个理由时，第一个理由和第二个理由显然不成立。而对于第三个理由，需要予以说明的是：既然试图通过企业的契约理论来证明企业价值最大化与股东价值最大化的不一致，那么在分析过程中就应遵循契约理论的分析原则。契约理论的分析原则是"个体分析法"，即在企业的契约理论看来，企业本身并不能构成任何意义上的主体。至于最后一个理由，则更像一个未经证实的规范性命题。

既然已经论证了股东价值最大化作为财务管理的目标不仅是科学的，而且是适当的，那么公司财务治理的目标当然也应内在地统一于股东价值最大化。但将股东价值最大化本身作为公司财务治理的目标的做法是简单而不可取的，

---

① 莫迪里阿尼，米勒. 资本成本、公司财务和投资理论［M］//卢俊. 资本结构理论研究译文集. 上海：上海人民出版社，2003：1-51.

这一做法没有考虑公司财务控制权理论以及财务治理本质理论对财务治理目标厘定的约束，从而使得该目标（即股东价值最大化）不能很好地引导公司财务治理模式以及机制的选择与优化。即对于公司财务治理而言，股东价值最大化并不是一个优良的决策标准。

（2）两个依据：公司财务控制权理论与财务治理本质理论。

如果说本质理论试图说明公司财务治理所要解决的问题的性质，那么目标理论则试图为解决这一问题的各种方案的选择与优化提供评价的准则。既然本书已经论证公司财务治理的本质是实现公司财务控制权的效率配置，那么财务治理目标理论就应为如何实现这一配置的效率提供具体的指引。因此，从公司财务治理本质的角度看，公司财务治理目标应该是效率导向的。经济学中的效率有两种表现形式，也可以说，经济学解决最优化问题的基本准则只有两个：利润最大化和成本最小化。公司财务治理制度的建立与运行（即公司财务控制权的配置与运用）都会直接导致交易成本即制度成本，而对公司收入的影响却是间接的，并且无法被精确地界定的。因此，可行的公司财务治理的目标只能是成本最小化导向，而不能是利润最大化导向。这一结论也可以利用作为财务治理目标理论研究依据的公司财务控制权理论予以论证。根据前面所提出的研究范式，公司财务控制权理论是严格基于新制度经济学的企业理论而被提出和论证的。根据威廉姆斯的观点，与标准经济学以利润最大化作为其分析导向不同，交易成本经济学（即新制度经济学）以交易成本最小化为分析导向。更具体地说，新制度经济学是以一种——对应的方式把交易和组织交易的不同制度形式相应地匹配在一起以实现交易成本的最小化。这一分析导向当然也适用于严格地在企业理论基础上而形成的公司财务控制权理论。

为最终确定公司财务治理的目标，还需要对相关交易成本的类型与性质进行研判。要了解与公司财务治理相关的成本，仍然必须从公司财务控制权理论寻找答案。根据公司财务控制权理论，公司财务治理产生的前提是所有与管理的分离所导致的代理问题，公司财务治理就是试图从财务的角度有效率地（即以最小的成本）解决所有与管理的分离对股东价值带来的消极影响。根据詹森和麦克林的经典分析，公司中存在的代理关系所导致的成本（即所有与管理分离对股东价值带来消极影响的具体表现）包括三类：委托人的监督支出、代理人的保证支出以及剩余损失。其中，监督支出中的"监督"一词不仅仅指测度和观察代理人的行为，还包括委托人通过预算限制、报酬政策和经营规则等"控制"代理人行为的努力。保证支出则指的是代理人通过花费资源向委托人保证他不会进行损害委托人利益的行动，或向委托人保证他进行了这种行动委托人将会得到补偿。由于在一般情况下委托人或代理人不可能以零成本保证代理人做出的决策从委托人看来是最优的，因此，在所有的代理关系中，代理人的决策和那些最大化委托人福利的决策之间存在着某些偏差。由这种偏差导致的委托人福利下降的货币等价被称为剩余损失。詹森和麦克林将上述三项成本统称为代理成本。① 结合公司财务控制权理论，可以得出如下结论：所有代理成本都构成了公司财务治理机制的相关成本。并且可以进一步发现，代理成本中的监督成本与保证成本都是由财务治理机制和行为直接引致的，而且它们都与财务治理的强度呈正相关，因此，本书将监督成本和保证成本一起定义为公司财务控制成本或公司财务治理成本。至于代理成本中的剩余损失，则是纯粹由代理关系所引致的，其产生虽与财务治理无直接关联，但其金额大小却受到财务治理强度的影响。具体而言，剩余损失与财务治理强度呈负相关。由于在研究财务治理与剩余损失间的关系时，财务治理强度可直接用治理成本度量，因此，也可以说财务治理成本与剩余损失呈负相关。将这一研究逻辑以及各有关变量之间的数量关系图示如图 3-13：

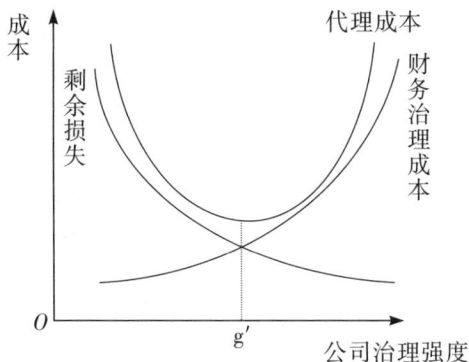

图 3-13　财务治理强度与代理成本关系

① 詹森，麦克林. 企业理论：经理行为、代理成本和所有权结构［M］//普特曼，等. 企业的经济性质. 孙经纬，译. 上海：上海财经大学出版社，2000：404-406.

从图 3-13 可以看出，在财务治理强度上存在一个均衡点 g'，在这一点上，代理成本（即财务治理的相关成本）总额取最小值，或边际财务治理成本等于边际剩余损失。我们将处于这一均衡点上的强度称为最优财务治理强度。这一均衡点的存在恰恰体现了公司财务治理的目标取向。因此，我们将公司财务治理的目标定义为追求代理成本或治理相关成本（包括但不限于治理成本）的最小化。这一目标与财务管理的股东价值最大化目标是内在统一的。

最后，本书将导致代理成本最小化的条件予以正式化：

令 A 表示总代理成本

G 表示财务治理成本

R 表示剩余损失

g 表示财务治理强度（由财务治理机制所决定）

则有关函数可分别表示为

$A = A(g)$，$G = G(g)$，$R = R(g)$

由于 $A = G + R$

所以 $A(g) = G(g) + R(g)$

为使 A 取得最小值，我们对 g 求导，并令其等于零，即

$dA/dg = dG/dg + dR/dg = 0$

整理可得

$dG/dg = -(dR/dg)$

上式便构成了最优财务治理的数学条件。

（3）结论性评述。

综合上述分析，可以认为：公司财务治理的目标是实现代理成本最小化。这一目标是严格按照本书提出的公司财务治理目标理论研究范式，或者说是在严格遵循公司财务控制权配置、公司财务治理本质以及财务管理目标这三大约束条件的前提下推导出来的，因而，这一目标是科学的、严谨的。更为重要的是，这一严格建立在数理分析基础上而提出的财务治理目标理论为公司财务控制权配置的实证研究提供了一个可操作性的指引，使得我们能够运用数学工具来评价某一具体财务控制权配置模式的效率，从而为财务治理机制的选择与优化提供依据。由于财务治理强度最终由具体的财务治理机制所决定，因此在这一目标模式下的财务治理机制选择与优化的基本逻辑可用图 3-14 表示。这一逻

辑与现有理论有着明显的不同。现有理论认为治理结构是确立治理目标的前提，与之相反，本书认为是财务治理目标对财务治理模式起着引导作用，目标引导模式（或结构），而模式（或结构）呈现目标。公司财务治理是公司治理的核心，因此，上述目标理论以及该理论创新的意义对于公司治理仍然适用。这也可以被认为是公司制度财务理论研究创新对公司治理理论研究创新所做出的贡献。

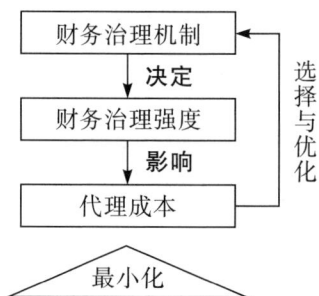

图 3-14　财务治理机制选择与优化的基本逻辑

第 4 章

# 公司财务控制权配置的国际经验

……

前已述及，公司财务控制权理论与公司财务治理理论的关系是基础理论与应用理论的关系，公司财务控制权的有效配置是公司财务治理的本质；同时，公司财务治理又构成了公司治理的核心。因此，关于公司财务控制权配置的经验分析自然建立在对公司治理问题的经验性总结基础之上。从实践的角度看，公司财务控制权的配置包括两个方面的内容：剩余财务控制权的配置以及合约财务控制权的界定，前者决定了公司财务治理的基本模式，即是属于股东导向的财务治理模式还是利益相关者导向的财务治理模式，而后者则决定了公司管理层在公司管理过程中所可能发挥的作用，这一作用既与公司财务治理模式相关，也受到一个国家的文化影响。借鉴国际经验，本书分别对美国和日本公司的财务控制权配置实践做出实证性分析。从法律渊源来看，美国属于典型的海洋法系国家，日本则属于典型的大陆法系国家。对这两个国家公司财务控制权配置的经验分析将为本书的研究结论提供一定的支持。

# 4.1　公司财务控制权的配置：来自美国的经验

## 4.1.1　美国公司治理模式分析

### 1. 美国公司治理模式

美国的公司治理模式长期以来属于典型的股东价值导向。在美国，股东利益被放在显赫位置的做法起源于美国人的产权观被推广到普通股：既然普通股是私有财产，那么股东自然拥有公司的财产，而且有权期望这种财产能够被用来为他们的利益服务，并且这样一种期望可以帮助实现人们渴望实现的其他目的：通过寻求股东投资的最大回报，资本在整个经济活动中得到最有效的分配，并且得到最佳利用。资本市场这只"看不见的手"所进行的有效分配，通过提供他们想购买的一切，从而更好地服务社会。

大体说来，英国和美国的股市比较发达，企业资产结构中股市的地位举足轻重，而在日本和德国，企业资本则主要来自并受控于银行和财团。比如，从

1984 年至 2000 年，美国的信贷市场为非金融公司提供了总共高达 3.2 万亿美元的新贷款，但如果与美国资本市场（即权益资金市场）相比较，信贷市场作为资金来源所起到的作用就显得逊色了，资本市场提供了 8.8 万亿美元的资金，是同一时期信贷市场提供资金的近三倍。由于资金市场结构的不同，在英国和美国，70% 以上的企业经理认为股东的利益是第一位的，而在德国和日本绝大多数的企业经理认为企业存在是为所有的利益集团服务的。在 20 世纪 80 年代，国内学术界对日本、德国体制比较推崇，认为这种银行和企业集团控股方式有利于鼓励企业着眼于长期发展，而英美以股票市场为主的资本市场则容易导致经理人员的短期行为，为了眼前的投资回报损害企业的长远利益。但 20 世纪 90 年代以来，随着美国经济对日、德经济相对优势地位的上升，认为美国体制更优越的观点逐渐占了上风，主要论据是美国体制更强调保护投资者，股市发育比较完全，融资方便，最有利于企业的新陈代谢，从而推动经济发展。

美国的公司治理结构从 20 世纪 80 年代至 90 年代初以来发生了重大的变化。从由经理人事实上执掌全权、不受监督制约的管理人资本主义向投资人控制、监督经理层的投资人资本主义转化。这一转化的一个明显特征就是资金市场结构的改变。过去几十年以来，美国资本市场的结构发生了根本性的变化，各种机构投资者所占的比重越来越大。由于控股比例的上升，机构投资者对于任何一个经营不善的企业都不能简单地采用用脚投票的方式来解决。机构投资者已经改变历史上对企业管理的被动、旁观的态度，开始向积极参与企业战略管理的方向演化。

**2. 美国公司治理实践过程**

（1）公司所有权与控制权的分离以及接管时代的到来。

对美国现代企业所有权结构的研究是从哥伦比亚大学教授伯利和米恩斯开始的，他们首先认识到美国大型公司中所有权与控制权的分离。

在现代美国公司，所有权的两个特性（即控制权和经济收益权）不再集于一个人或一个群体，股东已经交出了对财产的控制权。虽然最终责任和权利与股票所有权相联系，但是股东已经变成了纯粹的资本提供者和风险承担者。股东对股票本身有着至高无上的控制权，但是由于股东的能力有限，他们放弃了控制他人使用其资产的权利，该权利被授予公司的管理层。事实上，这也是公司组织对于投资者的好处之一：股东没有专业技能和时间，但是他可以将财产委托给具有时间和专业技能的人。但同时弊端也就由此产生，所有权和控制权的分离成了公司治理问题的根源。值得注意的是：所有权和控制权的分离并不是任何一个人决定的结果。为了适应快速发展的经济，发生了技术和程序的变革，正是这些被视为进步的变革驱动了美国企业经营权和所有权之间的分离。

在美国，股东处于一种"被剥夺了权利"的状态已持续了一个世纪，直到由此导致的一些事件唤起人们对该问题的关注，情况才发生了改变。在 20 世纪 80 年代，接管时代的出现本身就是对所有权和经营权分离所导致问题的具体反映。管理层和试图接管者施加给股东的不公使人们认识到：没有人对股东担负足够的责任，这种责任的缺失对美国公司的竞争力和活力都造成了伤害。哈佛大学詹森教授在《公共所有公司的终结》一书中预言：没有所有者的现代公司缺乏责任的约束，这将不可避免地造成竞争无能。

如前所述，公司所有权的基本权能之一就是处分权，即向他人转让其所有权的权利。为了实现股票的自由转让，股东不得不承担有限责任，股票也不得不被保持在较低的价格上进行交易。上述两种情况都弱化了所有权和控制权的联系，为了仅仅承担有限责任，股东被迫放弃除最基本的公司决策之外的任何权利；为了将股价保持在一个确保流动性的水平，股东不得不同意他们的公司增发数以百万计的股票，结果使任何单一投资者都难以持有具有较大影响力份额的股票。由此便产生了所谓的"华尔街规则"：投资者要么投票支持管理层，要么卖掉股票。股东可以通过卖掉股票以造成股价下跌，从而向公司管理层发出有力的信息，如果股票的价格跌到很低的水平，以至于公司成为接管的目标，那么管理层就将采取行动维护股东利益。正如詹森和麦克林所指出的：

出售股票就像政治避难，通过"用脚投票"的方式离开独裁者，虽然这样可能削弱经济，但是在解决个人问题的同时不能终结——甚至不能削弱——独裁。与此相似，股东之间的股票交易虽然可能使股票价格下降，但是却不能赶走管理层——甚至不能对其产生威胁。相反，如果持不同意见的股东离开，可能会正中管理层的下怀，在管理层企图借此通过新规章的情况下尤其如此。

上述理论当且仅当如下条件时才会有效：股东最终可以将股票卖给一个具有接管实力的机构投资者，该投资者进而接管公司并解散当权的董事会。①

---

① 詹森，麦克林. 企业理论：经理行为、代理成本和所有权结构［M］//普特曼，等. 企业的经济性质. 孙经纬，译. 上海：上海财经大学出版社，2000：256.

20 世纪 80 年代以来，接管、垃圾债券和机构投资者的增长产生了震撼性的影响，动摇了美国公司组织的每一个方面。由此使得公司治理这个学术问题成为学界和业界共同关注的焦点。

（2）机构投资者的大量出现以及股东行动主义时代的来临。

与此同时，接管时代也给股东带来大量需要做出反应的情况。企图并购者和管理层均利用股东权利被剥夺的状况，制造了大量对股东不公的事件。机构投资者大量出现改变了这一切。机构投资者大量出现于 20 世纪七八十年代，是一批精明、强大和受法律制约的投资群体。他们和执行股东所有权的受托人毫无二致。因为有了一批成熟的投资者能够理解所有权的意义，能够像受托人一样受到足够的法律制约行使所有权，并且强大到当他们行使所有权时能产生决定性的影响，所以，公司所有权的价值第一次变得明确起来。股票的可转让性意味着股东和经理层的利益建立在不相容的基础之上：投资者希望在股票价格达到顶点时立刻卖掉股票，而经理则需要稳定的长期投资者。机构投资者的成长无意之间发挥了重新引入股票所有权稳定性的作用，但这一切的发生，只是在接管时代产生了弊端、机构投资者受到震撼并采取行动之后。

美国机构资金的增长极快。在 1970 年，机构资产为 6 720 亿美元，在接下来的 10 年中，这个数字增长到 1.9 万亿美元。从 1980 年到 1990 年，机构投资者的资产增加了 2 倍多，达到 6.3 万亿美元。根据布兰卡托的研究，从 1990 年至 1998 年，美国机构投资者的资产增加了 144% 多，达到 15 万亿美元。机构投资者总资产的 26.5% 为证券，因此，机构投资者形成了一支强有力的持股力量。到 1990 年，机构拥有多于 50% 的全美股票。进入 21 世纪，机构投资者拥有全美顶尖的 1 000 家公司股票的份额仅略低于 60%。机构投资者拥有 41.6% 的微软股票、52.2% 的通用电气股票、53% 的英特尔股票、61.5% 的思科股票。这些机构投资者有一个共同点，那就是均遵循美国立法系统已建立的最高水平的谨慎标准。正如法官卡多佐所言：机构投资者应当"高于市场的道德水准"。显而易见，机构投资者的关注对公司管理层具有极端重要性。

公司董事会是机构投资者关注的焦点。通过了解公司董事会，机构投资者可以做出对公司绩效、发展方向和公司战略更加独立的评估。美国加利福尼亚州公务员退休基金（CalPERS）首席执行官汉森对公司管理人员说："我们不要再为难首席执行官（CEO）们了，从现在开始，我们要为难董事会了。"机构投资者对公司董事会的影响通常以下方式进行：运用"只投反对票"战略作为传递不信任信号的一项重要机制；通过股东的议案要求董事长和首席执行官分开设立，薪酬委员会和提名委员会则全部由独立的外部董事构成；提议要求允许大股东得到用语简要的评估董事会绩效的公司股东代理委托书；请求建立股东顾问委员会，这是一个由股东选举的股东组织，成本由公司负担，等等。

20 世纪 80 年代以来，不仅仅只有股东群体在发生变化，公司群体也在发生变化，以便适应日益明确的股东所有权的集中。许多公司都在重组董事会，以便监督股东、金融机构和法律机构提出各种问题。机构投资者和个人投资者都正在利用新技术更加有效地监督公司管理层和公司董事。美国的公司治理进入了股东（或投资）行动主义时代。董事会对日益出现的股东行动主义做出了积极的反应，而不是试图回避股东的提案。仅在 1992 年 10 月到 1993 年 12 月间，就有不少于六家公司的首席执行官在公司曝光长期经营绩效低劣后被迫辞职。这六家公司分别是：通用汽车公司（GM）、美国运通公司、西屋公司、国际商业机器公司（IBM）、柯达公司、Borden 公司。在那段时期之后，陆续被免职的首席执行官们分别来自美泰公司、Scott 纸业公司、Quaker 公司、太阳射线（Sunbeam）公司、Waster 管理咨询公司、康柏公司、美国电报电话公用公司、苹果公司、可口可乐公司以及许许多多其他的公司。

投资行动主义对公司稳健和股东价值有好处。美国财政部公司治理司前司长雅各布斯在《短命的美国》一书中宣称，低劣的公司导致高昂的资本成本，并进一步限制了公司的竞争力。这种资本格局在哈佛商学院教授波特于 1992 年 6 月发布的"竞争力委员会"报告中得到了充分的体现。关于国际公司治理的牛津分析报告认为：为了竞争资本，公司可能要被迫提高投资者在公司治理中的地位。戴姆勒–奔驰汽车公司愿意进行公司治理改变，以符合纽约股票交易所的要求，以及澳大利亚传媒巨子默多克遭澳大利亚交易所的婉言拒绝，都是活生生的例子。1992 年初，威杰尔兄弟公司的勒斯比特分析了 CalPERS 采取股东行动的若干时期，得到的结论是：这种效应对公司治理制度是极其有价值的。CalPERS 的股东行动项目耗资 50 万美元，却产生了 1.37 亿美元的超额回报，明显高于标准普尔 500 家公司的回报。尤其值得关注的是，这种行动并非都必须"成功"（即得到大多数的支持）才能产生这样的回报。此外，资本市场还出现了行动主义"回报"的其他例子。西尔斯公司股票在公司管理层屈服于股东提出的坚持公司核心业务、剥离金融服务业务的压力的当天，就几乎上扬了10%。雷尼韦尔公司的股票则在股东反对两项由管理层主持的降低股东问责议案期间上扬了 22%。一个明显的情形是，消息灵通而且积极介入公司治理的投资者所持有股票的公司，其市场价值高于没有上述这两项特征的公司。

最终，在有效传递股东权力的机制方面，机构股东寻找到了一个坚持管理问责的办法，这就是经常介入管理层的工作。自此，美国的公司治理以及财务控制权配置被深深地烙上股东行动主义的烙印。

## 4.1.2　美国公司董事会

由于董事会在美国公司治理中发挥着核心作用，因此，下面将对美国公司的董事会进行详细的解读。[①]

### 1. 美国公司董事会职能

任何一家公司的优势依赖于两股截然不同的力量，即公司所有者和控制者之间的均衡。公司依靠股东获得资本，同时也需要维持公司日常运作的管理层。这就为效率创造了机会，而这种效率是任何一个所有者/经理人，甚至任何一个所有者群体/经理人群体都无法实现的。效率机会产生的同时，也为弊端的生成创造了可能。公司的管理不能受舆论左右，经理人必须获得迅速决策的权利，并承担合理的风险。如果每一项管理决策都要与公司的所有者进行沟通，更不用说要经过他们的一一认可，这样就会导致生产过程瘫痪，没有人能取得成功。因此，公司治理面临的一个挑战是：如何授予经理人管理公司的巨大自主权，同时又要他们对于权力的使用负责。所以，股东有权选举董事会作为他们的代理，代表股东们监督公司的管理层。

美国公司的董事会在公司所有者和公司控制者之间充当杠杆的支点，在少数的高层管理者和为数众多的股东之间维持平衡。董事会董事是公司法人机构的重要组成部分。董事会的主要作用是代表股东监督管理层，从而必须建立一个既能保证经理人对董事会负责，又能保证董事对股东负责的机制与结构。这一机制和结构构成了美国公司治理以及财务控制权配置的内核。

### 2. 美国公司董事会的组织及运作

下面将从多角度对美国公司的董事会进行剖析。

---

① 全美公司董事联合会蓝带委员会. 董事的职业化和专业素质 [M] //梁能. 公司治理结构：中国的实践与美国的经验. 北京：中国人民大学出版社，2000：205-229.

（1）董事会的规模及会议频率。

美国的斯宾塞·斯图尔特调查公司在调查报告中表明：董事会的规模已经大幅削减到更便于运作的规模。大公司董事会的人数呈逐年下降的趋势，比如，1988年平均为15人，1993年平均为13人，而1998年平均为12人。该报告还显示：董事独立的趋势牢固地树立了。在世界500强企业的董事中，外部董事占78%。

在世界500强企业中，1998年和1992年董事会开会的平均次数为7次，与1998年的平均8次相比，略有减少。但斯宾塞·斯图尔特调查公司的调查报告表明：与过去几年相比，毫无疑问的是董事会的工作效率提高了。召开董事会会议次数的减少的部分原因是董事会下属委员会在公司治理中正发挥着越来越积极的作用。

（2）董事的职责。

在法律上，美国公司董事必须承担两项职责：管理职责和忠诚职责，而且将会依据"商业判断准则"对董事的行为进行裁定。管理职责是指董事在决策的时候必须付出应有的努力；忠诚职责是指必须对公司的股东表现出忠诚。商业判断准则是指董事会尊重董事和经理所做的商业判断，除非他们在做决策时存在明显的假公济私和玩忽职守。

美国商业圆桌会议代表美国大公司对董事会职责做如下描述：

第一，挑选、定期评估、更换首席执行官（如果必要的话）；决定管理层的报酬，评价权力交接计划。

第二，审查，并在适当情况下审批财务目标、公司的重要战略以及发展规划。

第三，为高层管理者提供建议和咨询。

第四，挑选并向股东推荐董事会董事的候选名单；评估董事会的工作及绩效。

第五，评估公司制度与法律、法规的适应性。

由于董事会不能充分地参与公司的日常决策，因为这属于经理人的职责范围，因此，有人认为董事会的基本职责应是保证由最好的经理人管理公司，并在业绩下滑时解雇他们。也就是说，这些人更关注上述五项职责中的第一项。可以通过图4-1将董事会与管理过程的关系予以描述：

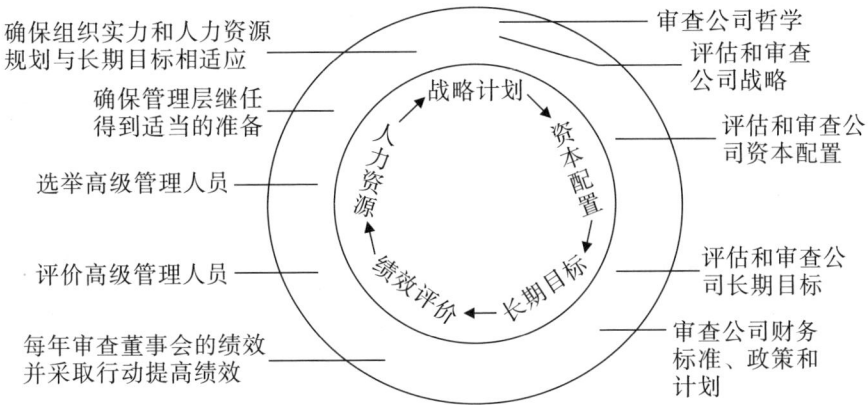

**图 4-1　董事会监督整个管理活动的周期**

（3）董事的报酬。

传统的董事报酬的支付方案通常很少与公司的绩效挂钩，当然也不与董事的绩效挂钩。不管公司发生什么事情，董事都会得到他们的佣金和报酬。当公司绩效好的时候，他的薪酬不会增加；而当公司绩效不佳时，他的薪酬也不会降低。这样的支付方案缺乏激励机制。在另一些董事薪酬中，股票部分发挥的作用有限，还不足以把公司绩效提到重要的位置。因此，不仅大多数董事在公司股票上没有得到应有的份额，而且传统上他们的报酬尚未与股东的利益达成一致。

然而，自 20 世纪 80 年代以来，董事的报酬计划发生了两个重大变化，而这两个变化都与股东的关注有关。第一个变化是更多的董事通过股票或股票期权的方式获得报酬，这使得董事利益与股东利益趋同。第二个变化是董事的退休计划。一份 1995 年美国国家公司董事协会的报告建议，董事会应该确立董事享有真正股权的目标，单一用股票和现金作为报酬，逐渐瓦解利益计划，减少其他支付方式（咨询、法律费用），而且对支付过程和董事报酬的构成进行全面披露。斯宾塞·斯图尔特调查公司发现，在 1998 年，有 25 家公司（占世界500 强企业的 5%）完全用股票来支付董事的工资。现在仍有 15% 的公司由董事选择是以现金还是以股票的方式来支付他们的工资，而在 1993 年，这一比例为0%。在世界 500 强企业中，有超过半数的公司给外部董事股票期权，在 1993年，这一比例为 0%。斯宾塞·斯图尔特调查公司得出结论：假如董事们工作很出色，他们的努力就一定会得到优厚的回报。实施持股计划的最终目标是保证董事承担足够的财务风险，这样他们就会和股东一样考虑问题。

（4）独立的外部董事。

在过去几十年中，美国董事会具有代表性的发展趋势是增加了"独立的"外部董事。在20世纪70年代，董事加入公司高级职员职务犯罪的队伍，这使人们感到困惑：董事会的工作就是预防这些犯罪，但是为什么董事会未能履行他们的职责呢？学术界、投资界以及其他人由此开始关注独立董事的重要性。这里的独立董事是指从根本上与公司不存在雇佣关系的董事。他们不依赖首席执行官给他们升职，也不依赖首席执行官获得法律或咨询业务，因此，相对而言，他们不受利益冲突的限制，能够更好地保护所有者的利益。这种理念促成了在美式董事会中增加外部董事的数量，更为重要的是增加标准董事会中外部董事相对于内部董事的比例。过去几十年以来，美国董事会的实践证明了独立外部董事的权力已经得到显著的增长：在1973年，通常董事会中内部人员占到50%以上，而现在这一比例已经降到25%。

当然，"独立"也可能意味着"漠不关心"。早在1978年，纽约证券交易所要求所有上市公司必须设置审计委员会，而其成员则主要由独立的外部董事所组成。可以说，这一规定是对独立董事重要性造成影响的早期改革措施。1990年斯宾塞·斯图尔特调查公司对董事会的调查显示：在20世纪80年代，外部董事相对于内部董事的比例一直稳步增长，至1990年达到了一个新的高度。事实上，20世纪90年代，外部董事相对于内部董事的比例继续增长。现在，一些董事会中只有1名内部董事，即首席执行官。这方面最新的发展动向是，不仅要确保董事会拥有独立董事，而且要设置一个组织框架，以便独立董事更有效地实施监督职能。体现在公司结构安排上，有两项规定用于确保董事在代表股东利益时真正发挥作用，这两项规定分别是董事会下属专业委员会的构成以及董事会主席和首席执行官的分离。

为发挥独立董事的监督职能，有必要加强独立董事的权力。股东们已提出建议，要求公司拥有大多数外部董事，或者在提名、审计和报酬这样至关重要的委员会中全部由外部董事组成。把董事会主席和首席执行官这两个职位分离的建议也与加强独立董事的权力相关。如果同时担任董事会主席和首席执行官，就会受制于内在的利益冲突，这种冲突源于明显的权力集中以及责任的缺失。首席执行官是公司的最高管理者，负责实施公司战略。如果由同一个人担任董事会主席和首席执行官，就可能会产生一个难以维持的情况，即董事会无法有效承担代表股东监督管理层的责任。比如在通用汽车等公司，随着首席执行官的辞职，董事会利用这次机会分离了首席执行官和董事会主席的角色，或者说至少进入了过渡期。许多公司治理的积极倡导者支持这两个角色的分离。这样做并非为了削弱首席执行官的权力，而是要授予董事会监督企业管理层的权力。

## 4.2　公司财务控制权的配置：来自日本的经验

### 4.2.1　"二战"后到 20 世纪 90 年代中期日本公司的治理模式

随着"二战"后多年来着力于对经济的重建，日本发展了一套独特的公司治理结构。鉴于 1945 年至 1990 年以来日本经济的成功，许多西方人士甚至感到有必要模仿日本的这种制度。在美国，公司治理的基本逻辑是：股东选举董事会，董事会制定公司总体的政策和方向，并任命和监督执行这些政策的公司高级管理人员；董事会应该代表股东的利益，并在较小程度上代表社会的利益。而日本的公司治理模式则全然不同，日本大公司的董事会代表的是公司整体的利益，尤其是员工作为一个集体的利益，而不是股东的利益；日本公司的优先权集中在公司成长和市场份额，而不是股东回报上。因此，日本的公司治理是典型的利益相关者导向治理模式。这一治理模式具有以下特征：

第一，强有力的政府干预以及公司和政府部分部门之间存在着非常密切的关系。对公司的政府干预主要由日本通商产业省（MITI）实施。通商产业省对日本所有企业保持着强大的管制控制，监督包括资本流动在内的日本产业活动的每一个方面。而公司与政府部门之间的密切关系则经常和腐败（包括政府腐败和管理腐败）相关。

日本公司与中央政府之间的政企关系向来以亲密著称。因为政府官僚执行法律主要是用非正式的行政指导方式，法律规定的官僚与企业之间的会议不计其数。财政部和各大机构之间的碰头会一天也有好几次。政府视自己为国内产业的促进者和保护者，而不是铁面无私的管制者。政府对反托拉斯持博大宽容的态度。在日本，政府主持的卡特尔至今仍很普遍，因为政府与产业界同意为了国家利益开展合作。但是，这种共识正在发生变化。日本的公司并不喜欢政府的指导。日本的企业只是在"二战"后重建国家时将这种情感压抑罢了。但是现在他们已经在世界领先，于是就开始感到他们在许许多多的领域中并不需要政府的保护和指导。不断出现的证券和银行丑闻对政府和产业界都产生了不小的压力。政府和企业间的紧密关系不仅被看作外国资本进入日本市场的壁垒，而且构成最大限度满足国内顾客利益的障碍。因此，日本社会中公司的作用正在悄然发生改变，传统上作为公司第一要务的创造就业日益受到挑战。

第二，实施子公司交叉持股模式，一般包括顾客和供应商。该交叉持股模式通常有一个控股股东，例如一家主银行或一家综合商社伙伴。根据日本公正交易委员会的调查，1987 年六大企业集团相互持股比率平均为 22.65%，其中，旧财阀系的三大集团为 28.93%，银行系的三大集团为 16.36%。在日本的上市公司中，其股份主要被金融机构和企业法人持有，1990 年，在 2 079 家上市公司发行的 394 854 千股中，金融机构持有 45.2%，其他企业法人持有 26.9%，个人持有占 23.1%。到 1995 年，在 2 277 家上市公司的 457 439 千股中，金融机构持有 41.4%，其他企业法人持有 25.9%，个人持有占 23.6%。

第三，经营者主导公司内部治理机制。经营者主导模式的产生，首先源于法人相互持股的股权结构。这种股权结构产生了大量的不行使股东权益的"安定股东"，由于坚持相互之间互不干涉的立场，董事会变得形同虚设，导致经营者处于主导地位。其次，日本的经营者大部分是从企业内部提拔的，缺乏一个有效的外部高级经理人员市场，以终身雇佣制和年功序列制为基础的内部劳动力市场在日本的公司治理中发挥着重要作用。终身雇佣、年功序列和企业内工会构成了日本公司内部治理机制的基本要素，在这些要素的作用下，企业成为一种虚拟的共同体，包括经营者、从业人员在内的企业内部利益相关者具有一种比较强烈而相对封闭的集团意识，经营者则成为虚拟共同体的代表，自然就形成了经营者的统治地位。

第四，控制权和经营权未实质性地分离。在美国，董事会代表着公司所有者的利益，与管理层的定位不同，并且旨在控制管理层。管理层对董事会负责，控制权和经营权是分离的。虽然日本公司的组织结构和美国的公司差不多，但是在日本的公司中，控制权和经营权实际上是搅在一起的。大多数日本大公司都有按照严格的等级安排的 10~20 名高级主管组成的董事会。由于这些高级主管经营着日常业务，西方概念上的"董事会职权"就集中在高级董事身上。高级董事们并不负责具体的部门，而且一般情况下也没有个人责任。作为一个群体，他们组成管理或经营委员会。董事长经常是一位退休总裁或退休的政府官员，他们的主要任务是维系企业和政府官员的个人关系网。正式的职权由公司总裁和董事会承担，但董事会很少开会，董事会决策只是行使"橡皮图章"的作用。真正的职权由公司总裁和经常开会的经营委员会把持。公司总裁不受向绝大多数股东解释受托责任的约束，所以总裁的权利主要受到社会群体习性的影响。在日本，公司是一个整体性的社会单位，即家庭。遴选新董事由总裁和经营委员会控制，并且由于大多数新董事都是公司的人，因此，董事会的更替对公司计划的执行几乎没有影响。

第五，主银行体制及其相机治理。青目昌彦把主银行定义为与企业具有专属、持续以及综合交易关系的银行，它一般具备三个条件：为该企业提供最多贷款的银行，通常占到企业总贷款的15%~20%；是该企业的主要股东；[①] 为企业提供人员、金融及信息等服务，与企业具有广泛、长期及持续的交易关系。[②]

20世纪60年代初，随着日本国内资本市场的开放，为了防止国外机构投资者的恶意并购，在政府的倡导下，日本开始实施"安定股东工程"，推进企业间的相互持股，从而减少了资本市场上的流动股份。早在"二战"时期，为了保证军需生产，日本军政府为每一个军火企业指定一家银行向它提供资金，企业必须在指定的银行开设账户，这是主银行收支结算账户的原型，即指定型银行体制。战争结束时，指定型银行体制涵盖了2 240家企业。在指定银行和贷款企业一起清理不良贷款过程中，二者的紧密合作和信息共享奠定了主银行体制的基础。随着日本经济的恢复和发展，公司所需的新的重建资金都是由城市银行（私人金融机构）提供。这些来自城市银行的借贷方式被称为系列融资，它意味着最大的六家银行（三井、三菱、住友、富士、第一劝业、三和）和日本兴业银行通过提供大量借款，来满足公司近半数的资金需求。随着激烈的贷款竞争，主银行体制得以最终确立。

主银行的相机治理主要体现在保险功能、信息功能以及控制权更替功能的

---

① 日本反垄断法允许银行最多持有5%的股份，后修改为10%。

② 青目昌彦. 企业的合作博弈理论［M］. 郑江淮，等译. 北京：中国人民大学出版社. 2005：78.

发挥。在企业财务状况较好时，主银行只作为企业平静的伙伴而存在，向企业提供日常金融服务，听任管理者自主经营。当企业出现严重财务危机时，主银行对客户企业业务的参与则表现得最为突出，它拥有决定企业命运的商业和法律地位。主银行对企业经营管理的干预，除了提供紧急贷款等措施外，还可以根据实际需要采取更换经营管理人员、直接派遣干部，乃至实施重组等综合措施，由此形成对企业经营者的约束。应该说，主银行的相机治理是由主银行作为企业主要债权人以及主要股东的双重身份所决定的。

第六，几乎不存在有效的公司控制权市场。友好收购在日本并不多见，敌意收购更是如此。由于公司被看作一种社会实体，买卖企业被认为是没有面子而且令人感到耻辱的。应该指出的是，大多数"友好"兼并刚开始都是不打招呼的行动，但只有经过谈判和相互接触以后才能完成兼并。任何成功的收购都必须得到企业安定股东的支持，并且要使董事会相信兼并并不会伤害到企业的潜力或企业的员工，而这通常需要长时间的劝说过程。因此，绝大多数并购通常是弱小或绩效不好的企业面临破产时的一种选择。

第七，上下一致的决策方式。公司的大方向由高层制定，实施这些决策的提议和想法经常来自基层会议，但提交前必须征得所有群体成员的"同意"，①这种上下一致的制度还被总裁应用到公司经营委员会内部和董事会。为得到确切的结果，公司总裁拿出讨论的方案，并综合决策，但决策是大家共同认可的产物，而不是"一言堂"的结果。由于这些，做出决策要花费很长的时间。即使是公司的危机时期，还是要遵守上下一致的决策模式，只是步伐加快而已。不过，有迹象显示，日本的公司正在偏离这种上下一致的决策过程，以便在旧的使员工具有参与感的模式和新的能够提供更大灵活性和更快的市场反应的模式之间找到某种平衡。

"二战"后日本企业利益相关者导向治理模式形成的原因：

（1）几乎所有的董事都是资深管理人员或公司以前的雇员。

将近80%的日本公司没有外部董事，另外15%的公司仅有不到两个外部董事。1990年的一项调查发现，在1 888家公司任职的33 013名董事中，91.1%是公司内部的人，在剩余的董事中，3.8%来自公司的借贷银行，2.9%来自退休的政府官员，0.1%来自公司主要业务伙伴的企业代表。对拥有代表企业参加

---

① 同意是指每一个员工都必须在书面提议上盖章的肯定做法。

谈判权利和其他职能的代表股东的调查发现，只有很小部分来自公司外部，其中 5% 是由借贷银行任命的，4% 是退休的政府官员，1.6% 来自高级业务伙伴。相反，89.3% 来自公司内部的任命。

公司的健康和成长，总的来说是董事的首要职责。执行官的报酬通常不和利润严格挂钩。成长是最重要的目标，因为这可以使股东（通过资本报酬）、管理层（通过工作的稳定和工资的增长）、政府（通过增加税收）和社区（通过增加就业）的利益最大化。

（2）股东是被动的所有者。

日本公司之间交流少量的大公司和主要商业伙伴的股票是习以为常的事情，这种做法是一种商誉、诚挚和守信的表现。虽然股票交换的数量一般不多，但经过多次这样的交换，它们就能够占有一个公司相当可观的外部股票份额。此外，日本机构投资者主要是保险公司、信托基金和养老基金，手中也持有绝大多数日本公司的少量股票。商业伙伴和机构投资者持有的这些股票几乎不卖出，因而成为一个友好和安定的股东集团，这样的安定股东代表着所有股票的 60% ~ 80%，只有 20% ~ 30% 的股票倾向于流通。至此，最大的股东群体是散户，但他们实际上持有少数股票。

安定股东的持股动机不是要将手中持有的股票变成利润，股票分红那点利润对于他们来说微不足道。相反，甚至有时候与大股东串谋以压低股票分红。商业伙伴之间的交叉持股培育出比投资回报有价值得多的良好关系，而且这种状况也是绝大多数情况下针对敌意收购的预防措施。在大多数情况下，安定股东对参与公司管理没有兴趣，但对公司的整体健康和成长有兴趣。与美国不同，在日本，债权人在监督公司的会计和审计方面发挥着更大的作用。

在安定股东的支持下，管理层忽视了保护股东积极性的问题，这些股东绝大多数是散户股东，因而股东大会通常流于形式。即使在董事或管理层存在渎职或无能的情况下，股东通常也不是最先要求改变现状的人。公司的主要债权人或经常具有业务关系的企业比单个股东能够更好地获得公司经营情况的相关信息。

## 4.2.2　日本公司治理模式：变革的背景与动因

自 20 世纪 90 年代以来，伴随着泡沫经济的崩溃，日本经济进入持续衰退期，许多学者认为，公司治理是导致日本经济低迷的根本原因。而日本公司治理制度中的法人相互持股、主银行制度、年功序列等又是导致公司治理效率低下的微观原因。日本公司治理模式的变革是在以下背景下展开的：

### 1. 1990 年以来日本企业竞争力的下降所导致的经济衰退

20 世纪 50—80 年代，在日本的公司治理结构的支持下，日本企业凭借"高质量、低成本"的竞争优势取得了成功，建立了以重化工业为中心的工业结构，并形成了钢铁、汽车和家用电器的主导产品。但是，进入 20 世纪 80 年代以来，这些产品不仅在发达国家已经普及，在新兴的工业化国家和地区也迅速地发展起来，日本的工业产品在国际市场上遇到了日益激烈的竞争。与此同时，随着世界高科技产业的蓬勃发展，日本公司治理中融资体制的局限性日益显现，风险投资的缺乏大大限制了高科技产业的发展。据统计，20 世纪 90 年代初高科技产业在整个产业中只占很小的比重，像具有代表性的机器人产业的产值仅为 2 000 亿日元，只相当于酱油、酱汤及寿司等产业产值的 1/4，发展较快的计算机产业的产值只占汽车产业的 1/5。美国等西方国家却在高科技产业中，借助于包括大学、政府和企业之间的网络组织安排取得了优势地位。因此，步入 20 世纪 90 年代，无论是传统产业还是高科技产业，日本企业都不具备明显的竞争优势，产业结构老化、定型化已经制约了经济的增长。[①]

20 世纪 90 年代以后，日本企业通过提高经营效率，实现市场份额的扩大与企业增长的经营目标在新的竞争环境下不再有效。著名的战略研究专家波特认为，企业的竞争力来自给予明确发展战略指导下的产品的独特性，企业的经营目标是营利能力而不是单纯的扩张，公司的盈利是来自独特性而不是规模，但是这样的竞争力目标与日本经营者主导的公司治理是不相容的。因此，随着企业国际化业务的开展，日本式经营和管理的效率正在遭受质疑。

### 2. 日本国内及国际资本市场已发生或正在发生的变化使得日本企业不再能够取得低成本甚至零成本资金

日本在这个世界上如何保持竞争力的"秘诀"，很大部分要归因于庞大的、低成本的资本来源。"二战"结束时，日本的所有私人部门都被摧毁。在痛苦的重建时期，1954 年 7 月 1 日三菱综合商社的出现标志着私人部门的重新建立。

---

① 武立东. 20 世纪 90 年代以来日本公司治理改革的动因 [M] //李维安. 公司治理理论与实务前沿. 北京：中国财政经济出版社，2003：89.

综合商社的每个公司在商社内部每一个其他公司都拥有自己的股份，以此提供保护从而可以免遭收购，当然这也导致了集团财富的双重计量。而政府则建立了一种特殊的银行制度，实际上就是将无限制的货币总量贷给那些被认为忠实于国家利益的公司。几十年来，日本公司的特征之一就是这些资本金非常小的企业在获得源源不断的数额巨大的负债资本的同时也受到相互交叉持股的困惑。20 世纪 80 年代后期发生了巨大的资产通胀，据估计当时日本高尔夫俱乐部股份的总值都要比澳大利亚的股票市场价值大，帝国大厦的价值评估比美国整个加利福尼亚的价值还要大。但不幸的是，日本银行制度相信这些价值，并以此作为提供贷款的担保条件。由此，由于交叉持股所引起的资产价值通胀（即泡沫经济）最终导致了日本长达十年的金融灾难。与此同时，21 世纪初期，不断有证据表明，日本的储户正在转向美国式的共同基金产品，即日本的民间资本越来越多地进入权益市场。他们之所以购买共同基金，是因为相信这种购买会有高回报。如果他们能够得到这样的回报，就会对借款企业追加更高的利率。因此，日本公司在过去 50 多年中享有的"自由资本"竞争优势将不复存在。当日本企业不再拥有能够依靠极低的利率贷到大批款项的路径时，他们将不得不去寻找其他的融资模式，也就是权益资金的融资渠道。

　　总之，日本公司治理改革的背景与动因，一方面是日本企业竞争力下降所导致的经济衰退，另一方面是由于资本市场的变化所导致的融资困难。除此之外，改革的背景还包括：泡沫经济崩溃后，企业业绩不良而给股东等相关集团带来损失；日本国内外的机构投资者已成为觉醒了的、积极的股东；股东代表诉讼手续的简化，等等。为重铸日本企业的竞争优势，理论界、实业界要求改革日本的公司治理模式、恢复股东主权的呼声日益高涨。从 20 世纪 90 年代起，日本开始了重构公司治理制度基础的改革，强调恢复股东价值创造的治理目标，恢复股东在公司治理中的主体地位。

## 4.2.3　日本公司治理模式变革的方向

　　前已述及，日本公司治理改革目标在于重构公司治理制度基础、强调股东价值创造、恢复股东在公司治理中的主体地位。下面将从多个角度对日本公司治理模式变革的方向予以解读。

**1. 1990 年以后日本公司治理改革的法律基础建设**

进入 1990 年以来，泡沫经济崩溃之后的日本对有关股份公司的法律相继进行了修改，公司治理改革的法律基本建设徐徐展开至今。以下列举几项涉及公司治理模式的法律修改。

（1）监事制度的修改（1993）。

日本的监事制度已有 100 多年的历史，但是这个制度几乎没有发挥作用过。对此，1993 年，作为强化这个制度的方法，把监事的任职期从 2 年延长到 3 年，并且规定资本金为 5 亿日元以上、负债额为 200 亿日元以上的大型股份公司的监事的人数从 2 人增加到 3 人以上，其中 1 人为社外监事。另外，还确定了从美国引进监事会制度。显然，社外监事的引入必将有利于维护股东在公司的合法权益。

（2）股东代表诉讼制度的修改（1993）。

这个制度是股东代表公司的董事会追究其对公司所担负的责任。在 1950 年至 1992 年之间，有关这方面的案件仅 31 件。随着 1993 年的制度修改，案件的诉讼费与赔偿的索取额无关，一律被规定为 8 200 日元。此后，诉讼案件件数明显增加，索取额也日趋增大。法律的这一修改必将有力地维护股东的合法权益。

（3）股票期权制度的引入（1997）。

这个制度是公司赋予董事和职工以事先决定好的价格来购买公司股份的权利。这是为了提高董事会与职工的士气，并鼓励重视股东的经营而从西方资本市场引进的制度。

（4）持股公司（或控股公司）的解禁（1997）。

日本的反垄断法（1947）禁止纯粹的持股公司的存在。从企业的重组与事业的重建的必要性出发，并且为了增加苦于处理坏账的金融机构的活力，除了事业的控制力过度集中的持股公司之外，这项对持股公司的禁令被最终解除。而这一禁令的解除必将极大地促进日本上市公司控制权市场的发育。

（5）强化禁止利益提供（1997）。

从 1975 年至 1981 年，在日本共有 5 200 人到 6 300 人的"总会屋"。① 这些

---

① 即股东大会的捣乱者。这些人持有少数股票出席股东大会进行捣乱，通过获取利益的方式以阻止股东的正当发言。

人的存在是以获取不同利益输送为条件扰乱了日本公司股东大会的正常运行。1981 年，利益提供虽然被禁止了，但是 6 个月以下的刑期或 30 万日元以下罚款的惩罚制度效果并不明显，利益提供的行为反而变本加厉，并且呈现出金额的巨额化与恶性化趋势。为此，日本将有关"利益提供罪"的惩罚性条款修改为"3 年以下的刑期或是 300 万日元以下的罚款"，并且新设立了"要求提供利益罪"。法律的这一修改必将使日本公司的股东及股东大会发挥其应有的公司治理作用。

**2. 1990 年以后日本公司治理改革的建议**

在进行上述法律基础建设的同时，20 世纪 90 年代以来，日本国内各种机关和组织都针对公司治理的改革提出了相关建议。这些建议大致可以分为以下三类：

第一，有关经营者行动方式的建议。包括重视股东的经营、重视资本运用效率的经营、在信息和意见等交流上营造良好的企业环境、由成果来评价经营者和决定经营者的报酬、早期选择和培养经营者、从外界起用经营者、股东代表诉讼制度的重新制定。

第二，有关董事会改革的建议。包括经营决策职能、监督职能和业务执行职能的分离，经营决策职能和监督职能的强化，在确保能进行充分讨论、准确并迅速地做出经营决策的前提下精简董事人数，外部董事的起用，引进董事的退休年龄制、任期制，各种委员会的设置，董事之间信息的共有化。

第三，有关股东大会改革的建议。包括大会的运行要以提供股东和董事会的交流场合为重、把大会分散到不同日期召开、召开以股东为对象的说明会、限定有关经营基础事项的大会决议事项。

上述改革建议将会极大地提升股东对公司经营的影响力，从而有利于维护股东作为公司所有者的利益。

**3. 关于日本的公司治理论坛**

跟随西方国家公司治理机制的改革步伐，日本也推出了一套公司治理准则。1998 年 5 月，日本公司治理论坛发布了最后的公司治理指南。公司治理指南的发表表明该论坛看清了改进日本公司治理的需求：良好的公司治理实践已成为任何公司有效管理全球市场的必要条件。

该准则认为公司由许多要素组成，但认为"股东作为股权资本的供给者被赋予了一种特殊的地位"，并指出股份公司归股东所有，公司的目标是追求利润。① 该论坛还推出了若干日本公司治理变革的建议。例如，论坛呼吁增加更多的外部董事，而当时外部董事在日本的公司董事席位中只占4%；论坛还呼吁进行独立审计，设立薪酬和提名董事会委员会，而当时几乎没有一家日本公司设有这样的董事会委员会。论坛本身监督日本公司治理的进展，而且敦促东京股票交易所把这套准则贯彻到上市公司规则中。值得关注的是，这些建议已获得了国际认可，比如，CalPERS已将日本公司治理论坛的准则置于对日本投资指南的中心地位。

另外，值得关注的是日本自民党法务部商法委员会发布的《关于公司治理结构的商法等修改案》。② 该法案首先明确了"股份公司是属于股东的，股份公司的主权者为股东"，并且表明股份公司的治理结构必须以实现股东利益最大化为导向。

上述动向表明，日本公司治理改革的基本立足点是建立区别于日本传统的利益相关者导向治理模式、与国际标准实践接轨的股东导向的公司治理模式。

**4. 21世纪以来日本公司治理改革的新动向**

2001年4月，日本法务省公布了有关公司治理改革的试行方案，以此作为商法全面改革的重要环节。方案的核心内容即有关大公司的董事会改革，具体包括以下几点：董事的任职期为1年（现行为2年）；公司有义务任用1人以上的外部董事；可以选择设立经营委员会、监事委员会、提名委员会、报酬委员会和执行董事；监事委员会、提名委员会和报酬委员会这三个委员会分别必须由3人以上的董事组成，并且一半以上要由外部董事来担任；监事委员会、提名委员会、报酬委员会这三个委员会制度以及执行董事制度必须配套设立、缺一不可。③ 随着该方案在日本国会得以通过，日本公司治理制度的基础将会发生根本性变化，并确立起今后公司治理制度的方向，即向股东价值导向治理模式靠拢。

在理论界为日本的公司治理改革进行深入广泛讨论的时候，日本的企业界

---

① 平田光弘. 日本公司治理改革的现状与今后的方向（提纲）[M] //李维安. 公司治理理论与实务前沿. 北京：中国财政经济出版社，2003：69.

② 田正. 日本公司法与公司治理变革 [N]. 中国社会科学报，2023-03-29（A10）.

③ 末永敏和. 论公司的主权者 [M] //王保树. 投资者利益保护. 北京：社会科学文献出版社，2003：166-169.

正在产生强烈的冲击波。21 世纪初，一家叫作 M&A 的咨询公司的基金开始了日本首次敌意收购行动，对象是经营状况不佳的地产开发商。M&A 咨询公司由日本通商产业省前官员领衔。这次收购行动最终没有成功，但是这只基金却受到普遍好评。与此同时，也是在 2000 年初，一家德国制药企业对日本非处方药企业 SSP 开价 1.9 亿美元收购。这家德国企业已经拥有 SSP 近 20% 的股份，但仍然希望完全控制这家日本非处方药企业。这家德国公司的副董事长瑞伯斯说："这是日本制药业有史以来第一次收购招标，人们对此还不太习惯。我们想创造一种引起人们注意的动作。"正如一位评论员所说，综合商社制度正在瓦解，投资者难以承受低效经营的资产压力，一次成功的敌意并购将是自晶体管发明以来冲击日本企业界最激动人心的实践。显然，在这位评论员看来，这一激动人心的实践意味着日本公司治理模式正经历着历史性的变迁，公司财务控制权最终回归到股东的手中。

# 结　语

……

　　近年来，有关公司财务实践是应坚持股东价值导向还是利益相关者价值导向的问题在国内学界争论日益激烈，而且越来越多的文献似乎更加偏向于坚持利益相关者价值导向。这一问题的答案决定了公司治理和公司财务治理的基本方向，因而为此提供科学的理论解决方案已成为制度财务学面临的首要问题。本书以制度财务学这一新兴领域为研究对象，定位于学科的基础理论研究，通过综合运用法律和经济学分析方法，将"公司财务控制权"概念确立为制度财务学研究的核心范畴，并依据现代企业理论探索公司财务控制权效率配置的基本原则，在此基础上构建以公司财务控制权概念为核心的公司财务治理理论体系，从而为制度财务学增添新的理论文献。同时，本书将以美国和日本为代表的发达国家作为案例，对其公司治理和公司财务治理实践中股东价值导向和利益相关者价值导向的历史演进规律进行总结，旨在为本书所提出的理论观点提供经验支撑。本书的最终目的是试图在确立股东作为公司所有权拥有者的前提下，通过理论与经验相结合的方式论证股东在公司财务控制权的配置从而在公司财务治理实践中的中心地位。在现有理论之外，本书的研究成果将为公司重大的制度性财务问题提供一个可替代的解决方案。

　　通过理论研究，本书提出了以下具有创新性的观点：①公司财务控制权是公司控制权的核心；与公司控制权一样，公司财务控制权被进一步区分为剩余财务控制权和合约财务控制权。②鉴于公司控制权体现了公司所有权的本质，公司财务控制权是从属于公司所有权这个大范畴的，因此，与公司所有权一样，公司财务控制权的终极主体只能是作为公司资本提供者的股东。③企业理论可分为企业的创业理论和企业的内部结构理论，前者研究的是企业与市场之间的关系，即关于企业存在及其纵向一体化，或者说是关于价格机制被取代的基本原因；后者研究的是企业内部的所有权结构和雇佣关系。④思想实验表明，企业的内部结构理论构成公司财务控制权配置研究的经济学理论依据。⑤公司治理的核心是公司财务治理，而公司财务治理的本质是公司财务控制权的效率配置，这一效率配置表现为合约财务控制权由公司所有者委托给管理者，而剩余财务控制权继续为公司所有者所保留。⑥公司财务治理的目标是实现代理成本最小化，该目标内在地统一于公司财务管理的目标，即股东（或企业）价值最大化。基于上述研究结论所形成的公司财务控制权理论以及相应的公司财务治理理论构成制度财务理论研究的重要尝试。

　　为给上述理论分析提供进一步的经验支持，本书分别以海洋法系的美国和大陆法系的日本为例，对其上市公司治理模式的制度变迁进行经验分析，得到如下结论：①无论是过去还是现在，股东价值导向的公司治理以及公司财务治理模式从未从美国的经济制度与企业制度中消失；恰恰相反，由于资本市场上的激烈竞争，这一公司治理和公司财务治理的价值导向在美国上市公司治理实践中正变得更加深入人心。②美国 29 个州对公司法所做修改的目的是对恶意并购中股东所有权滥用的有效率的限制，这一限制是现代所有权制度的固有特征，并未动摇美国公司财务治理实践中私人财产权的基本逻辑。③公司治理以及公司财务治理的利益相关者导向是在"二战"后日本特殊的经济背景下形成的，这一价值导向在推动战后日本经济复苏的同时，也给这个国家经济后续的健康发展埋下了隐患，从而成为 20 世纪 90 年代以来日本所面临经济问题的重要诱因。④正是意识到这一点，在理论界尤其是政府的推动下，日本上市公司的治理模式正悄然发生改变，即更加趋向股东价值导向；而且，随着经济全球化的发展，尤其是国际资本市场的一体化，这一趋势将是不可逆转的。总之，海洋法系国家和大陆法系国家的实践均表明，股东价值导向在公司治理和公司财务治理实践中均占据主流方向。

　　展望未来，需要做的进一步工作将是运用本书的理论观点，结合美国以及日本公司治理的经验，对中国公司财务控制权的配置以及财务治理实践做出实证性的研究，从而为中国公司财务治理的制度变迁提出富有洞察力的观点。

# 参考文献

[1] 普特曼，等. 企业的经济性质 [M]. 孙经纬，译. 上海：上海财经大学出版社，2000.

[2] 伊特韦尔，米尔盖特，纽曼. 新帕尔格雷夫经济学大辞典：第三卷：K-P [Z]. 北京：经济科学出版社，1996.

[3] 崔之元. 美国二十九个州公司法变革的理论背景 [J]. 经济研究，1966（4）.

[4] 德姆塞茨. 所有权、控制与企业：论经济活动的组织 [M]. 段毅才，等译. 北京：经济科学出版社，1999.

[5] 周首华，等. 现代财务理论前沿专题 [M]. 大连：东北财经大学出版社，2000.

[6] 葛家澍. 关于市场经济条件下会计理论与方法的若干基本观点：I [J]. 财会月刊，1995（2）.

[7] 格里巴诺夫，科尔涅耶夫，中国社会科学院法学研究所民法经济法研究室. 《苏联民法》上册 [M]. 北京：法律出版社，1984：278.

[8] 江平. 新编公司法教程 [M]. 北京：法律出版社，1994.

[9] 蒋学模，张晖明. 高级政治经济学：社会主义总论 [M]. 上海：复旦大学出版社，2001.

[10] 康纳尔. 公司价值评估：有效评估与决策的工具 [M]. 张志强，王春香，译. 北京：华夏出版社，2001.

[11] 温特. 企业的性质 [M]. 姚海鑫，邢源源，译. 北京：商务印书馆，2010.

[12] F.H. 劳森，伯纳德·冉得. 英国财产法导论 [M]. 曹培，译. 北京：法律出版社，2009.

140

[13] 李心合. 中美企业财务控制权配置模式比较研究 [J]. 财经科学, 2001 (2).

[14] 梁能. 公司治理结构：中国的实践与美国的经验 [M]. 北京：中国人民大学出版社, 2000.

[15] 林钟高, 王锴, 章铁生. 财务治理：结构、机制与行为研究 [M]. 北京：经济管理出版社, 2005.

[16] 刘俊海. 股份有限公司股东权的保护 [M]. 北京：法律出版社, 2004.

[17] 刘诗白. 产权新论 [M]. 成都：西南财经大学出版社, 1993.

[18] 纳普. 国际比较法百科全书：第 1 卷：各国法律制度概况 [M]. 高绍先, 夏登峻, 等译. 北京：法律出版社, 2002.

[19] 奈特. 风险、不确定性和利润 [M]. 王宇, 等译. 北京：中国人民大学出版社, 2015.

[20] 孟勤国. 中国物权法理论研讨会观点综述 [J]. 中国社会科学院研究生院学报, 2004 (5).

[21] 卢俊. 资本结构理论研究译文集 [M]. 上海：上海人民出版社, 2003.

[22] 王保树. 投资者利益保护 [M]. 北京：社会科学文献出版, 2003.

[23] 李维安. 公司治理理论与实务前沿 [M]. 北京：中国财政经济出版社, 2003.

[24] 钱明星. 物权法原理 [M]. 北京：北京大学出版社, 1994.

[25] 钱德勒. 看得见的手：美国企业的管理革命 [M]. 重武, 译. 北京：商务印书馆, 1987.

[26] 青目昌彦. 企业的合作博弈理论 [M]. 郑江淮, 等译. 北京：中国人民大学出版社, 2005.

[27] 让·巴蒂斯特·萨伊. 政治经济学概论 [M]. 陈福生, 陈振骅, 译. 北京：商务印书馆, 1998.

[28] 史尚宽. 物权法论 [M]. 北京：中国政法大学出版社, 2000.

[29] 石友蓉, 黄寿昌. 财务目标的经济学解释及重构 [J]. 武汉理工大学学报（信息与管理工程版）, 2004, 26 (6).

[30] 汤谷良. 财务控制新论：兼论现代企业财务控制的再造 [J]. 会计

研究，2000（3）.

[31] 田正. 日本公司法与公司治理变革［N］. 中国社会科学报，2023-03-29（A10）.

[32] 王化成，等. 财务管理［M］. 5版. 北京：中国人民大学出版社，2017.

[33] 菲吕博顿，瑞切特. 新制度经济学［M］. 孙经纬，译. 上海：上海财经大学出版社，1998.

[34] 威廉姆森. 资本主义经济制度［M］. 段毅才，王伟，译. 北京：商务印书馆，1985.

[35] 贺卫，伍山林. 制度经济学［M］. 北京：机械工业出版社，2003.

[36] 伍中信. 财权流：现代财务本质的恰当表述［J］. 财政研究，1998（2）.

[37] 伍中信. 现代财务理论与产权理论的相关性研究［J］. 时代财会，1999（12）.

[38] 亚当·斯密. 国民财富的性质和原因的研究：下卷［M］. 郭大力，王亚南，译. 北京：商务印书馆，1974.

[39] 杨小凯，黄有光. 专业化与经济组织：一种新兴古典微观经济学框架［M］. 张玉纲，译. 北京：经济科学出版社，1999.

[40] 有林. 论生产资料社会主义公有制［M］. 北京：中央文献出版社，2008.

[41] 余绪缨. 试论现代企业的经营环境、财务目标与财务干部应具备的素质［J］. 财会月刊，1995（1）.

[42] 张维迎. 企业的企业家—契约理论［M］. 上海：上海三联书店，上海人民出版社，2004.

[43] 张维迎，等. 公有制经济中的委托人—代理人关系：理论分析和政策含义［J］. 经济研究，1995，30（4）.

[44] 张维迎. 产权安排与企业内部的权力斗争［J］. 经济研究，2000（6）.

[45] 中国法学会民法学经济法学研究会. 1998年民法经济法年会论文集［C］. 西安：陕西人民出版社，1999.

[46] ALCHIAN A, DEMSETZ H. Production information costs, and economic organization［J］. The American economic review, 1972（5）.

[47] KNIGHT F. Risk, uncertainty and profit［M］. New York：Houghton Mifflin Co., 1957.

［48］ DEMSETZ H. Ownership, control, and the firm ［M］. New York：McGraw-Hill, 1999.

［49］ BLINDER A. Paying for productivity ［M］. Washington, D. C.：The Brookings Institution, 1978.

［50］ JENSEN M, MECKLING W. Theory of the firm：managerial behavior, agency costs and ownership structure ［J］. The journal of financial economics, 1976 （3）.

［51］ WILLIAMSON O. The economic institutions of capitalism：firms, markets and relational contracting ［M］. New York：The Free Press, 1989.

［52］ HART O. An economist's perspective on the theory of the firm ［J］. Columbia law review, 1989 （7）.

［53］ COASE R. The nature of the firm ［J］. Economica, 1937 （4）.

［54］ ELLSWORTH R R. Leading with purpose ［M］. New York：Stanford University Press, 2002.

［55］ SIMON H A. Administrative behavior ［M］. New York：Macmillan Original Publication, 1951.